Reconocimientos a Complementos Perfectos

Mientras leíamos *Complementos Perfectos, era como si los Larimore estuviesen en nuestra sala escuchándonos* ¡Qué libro maravilloso! Ningún otro texto acerca del designio divino en los hombres y mujeres es tan acertado como este. Walt y Barb con gran sabiduría nos instruyen sobre el tema de por qué los hombres y las mujeres son tan distintos; y destacan que precisamente son esas las diferencias que fortalecen la unión matrimonial.

Gary Rosberg, doctor en educación y Barb Rosberg, BFA,
Co-fundadores de la Asociación de Consejeros Cristianos,
autores de *The Five Sex Needs of Men and Women*

Walt Larimore siempre se ha caracterizado por ser la voz que brinda consejos sensatos y comprensión. En este tiempo se une a una mujer fabulosa, su esposa Barb, para escribir un libro fascinante acerca de cómo somos increíblemente creados. Puedo decir que *Complementos Perfectos* me encantó. Cada página me ofreció un momento revelador. Después de disfrutar de su lectura, tengo la certeza de que encontré un regalo de bodas y aniversario para ofrecer con confianza. Walt y Barb, gracias.

Jennifer Rothschild,
autora de *Self Talk, Soul Talk*

Por designio de Dios todos somos diferentes. Lo negativo es que las incompatibilidades que no comprendemos, a menudo concluyen en desacuerdo. La buena noticia es que esas mismas diferencias, en manos de Dios, pueden pasar de discrepancias y desacuerdos a una armonía enriquecedora y provechosa. En realidad, Walt y Barb nos han regalado un manual de ayuda y esperanza que nos alentará y proveerá de maneras simples y prácticas para disfrutar de una relación de amor más profunda, íntima y con mayor sentido. Este es un libro que deseará compartir con sus amigos.

Dr. GARY J. OLIVER, director ejecutivo de
The Center for Relationship Enrichment
de la Universidad John Brown

———

Los elementos que faltan y que todos buscamos en el matrimonio se reúnen en *Complementos Perfectos*. Walt y Barb realizan un trabajo extraordinario al sacar a la luz nuestras diferencias estructurales como hombres y mujeres y convertirlas en factores unificadores. Todas las parejas de los Estados Unidos de América deberían tener este libro si de verdad quieren un matrimonio que sea para toda la vida y los colme de satisfacción. ¡Es más que un «libro sobre la diferencia de género»; es una revelación y salva matrimonios!

JOE WHITE, doctor en educación,
presidente de Kanakuk Kamps

Walt y Barb Larimore escribieron un agradable y práctico manual que lo hará reír y pensar, y que impulsará la transformación que permite que se convierta en el esposo o esposa que Dios planificó que sea. Es auténtica ciencia médica de vanguardia. Asimismo, revela una verdad bíblica consistente y sabiduría matrimonial práctica. Representa un tesoro de incalculable valor para los que están casados y para aquellos que buscan pareja.

WILLIAM R. CUTRER, doctor en medicina,
profesor de ministerio cristiano en Gheens,
The Southern Baptist Theological Seminary

Complementos Perfectos, es eficaz, perspicaz y práctico. Asimismo, es un medicamento milagroso para los matrimonios que ayuda a disipar la niebla que provoca choques en las relaciones de pareja. No conduzca a casa sin él.

DAVID STEVENS, doctor en medicina, MA (Ética),
director ejecutivo, Christian Medical
& Dental Associations

Este libro me abrió aun más los ojos a la verdad acerca de lo distinto que son los hombres y las mujeres. Walt y Barb Larimore ofrecen conocimientos nuevos e información valiosa que nos facilitan el entendimiento de las mujeres a fin de que todos nosotros nos maravillemos de la forma tan especial que Dios las diseñó.

Dr. GARY SMALLEY,
autor de
Cambia tu corazón, cambia tu vida

Su lectura es agradable, ingeniosa e importante para todas las parejas y también para los que las aconsejan y ministran.

TIM CLINTON, doctor en educación, presidente de la Asociación Americana de Consejeros Cristianos.

———

El trabajo realizado por Barb y Walt Larimore es excelente porque combina maravillosamente bien el humor con la neurociencia fácil de comprender para revelar los misterios de cómo las mujeres y los hombres están creados de manera única. Estas revelaciones salvarán matrimonios y traerán realización a muchos más. Bueno hubiera sido leer *Complementos Perfectos* a principios de mi matrimonio. Pienso darle una copia a cada uno de mis hijos y a sus cónyuges.

GENE RUDD, doctor en medicina, vicepresidente primero, Christian Medical & Dental Associations

———

Mi esposa Judy y yo llevamos cuarenta y tres años de casados *y Complementos Perfectos* nos pareció muy útil para considerar nuestra relación tal como es en la actualidad y cómo podría ser en un futuro. Nuestro agradecimiento a Walt y Barb por escribir un libro práctico y sencillo que ayuda a las parejas que desean honrar a Dios con sus matrimonios.

RON BLUE, master en administración de negocios, presidente de Christian Financial Professionals Network

¡El libro maravilloso que escribieron los Larimore es el regalo de bodas perfecto! Muchas de nosotras durante décadas tratamos de comprender a nuestros esposos. Walt y Barb desentrañaron el misterio del hombre y la mujer de manera que no solo representa una lectura agradable, sino que también es educativa. Entonces, ¿qué espera? Tome una copia de este libro y comience a sorprender a su esposo o esposa con sus nuevos conocimientos.

Diane Passno,
vicepresidente primero,
Focus on the Family

Veamos. ¿Usted desea tener una «mente» mejor? O dicho de otra manera, ¿quiere mejorar sus relaciones y entender cómo Dios todopoderoso crea nuestros cerebros? Si su respuesta es afirmativa (como debería ser si está decidido a formar una familia sólida), entonces haga lo que mi esposa y yo hicimos: *¡Lea este libro!* Aquí no encontrará lenguaje técnico, solo palabras sabías de una pareja lo suficientemente inteligente para ayudarle a usted y a mí a darnos cuenta de forma extraordinaria cómo fuimos creados para tener relaciones importantes.

Dr. John Trent, presidente, Centro para
Familias fuertes, autor de *The Blessing*

Mi esposa Mary y yo, estamos de acuerdo en que si todas las parejas comprometidas y casadas leyeran este libro con sus mentes y corazones abiertos, el índice de divorcio disminuiría en gran escala. De más está decir que a ambos el libro sencillamente nos encantó.

Dr. Lyle W. Dorsett
Billy Graham profesor de evangelismo, Beeson Divinity School

Si usted y su cónyuge anhelan comprender mejor el plan de Dios para el matrimonio, aprender a identificar el proyecto de Dios para cada uno de ustedes y usar este conocimiento para formar un matrimonio duradero y que les llene de satisfacción, *Complementos Perfectos,* puede ser la herramienta indispensable que los dos necesiten.

DON HAWKINS, DMin, presidente
de Southeastern Bible College

———

Walt y Barb Larimore con gran habilidad combinan el humor, los sabios consejos bíblicos y los hallazgos médicos recientes que demuestran que los hombres y las mujeres están creados de diferente manera. Si alguna vez se preguntó por qué usted y su esposo o esposa siguen teniendo los mismos problemas una y otra vez, Walt y Barb no solo le ayudan a comprender las diferencias, sino que también colaboran para que su matrimonio prospere. ¿Será necesario otro libro sobre el matrimonio? Este sí lo es. De hecho, si va a comprar un solo libro sobre relaciones matrimoniales, ¡debe ser este!

KENT C. SHIH, doctor en medicina, MAR,
autor de *Preparing for a Career in Medicine*

———

¡Viva la diferencia! Walt y Barb documentan lo que todos nosotros sabemos que es verdad por experiencia propia. Luego nos ayudan a aplicar como esposo y esposa estas diferencias maravillosas creadas por Dios.

GARY DESALVO, master en teología,
pastor principal, Iglesia Temple Bible,
Temple, Texas

Mi esposa Norma y yo tuvimos la feliz idea de leer juntos el libro *Complementos Perfectos*. Nuestros amigos Walt y Barb Larimore identifican las diferencias fisiológicas y químicas en los hombres y las mujeres que explican mucho acerca de por qué los hombres actúan como actúan y por qué las mujeres son como son. Norma y yo de inmediato nos vimos a nosotros mismos bajo otro aspecto y distinguimos las diferencias creadas por Dios. ¡Hubiera sido muy importante leerlo treinta años atrás!

WAYNE PEDERSON,
vicepresidente de Radiodifusión
del Instituto Bíblico Moody

———

Yo estimaba que tal vez no sería necesario otro libro que hiciera referencia a hombres y mujeres. Sin embargo, cuando llegué a la esencia del libro de Walt y Barb comencé a opinar de otro modo. *Complementos Perfectos,* es una descripción sincera y acertada de los hombres y mujeres y del designio que Dios nos depara. Me agradó la mezcla de lo clínico y lo práctico. Este es un libro que recomendaré a otros.

DAVE FLOWER, anciano, Iglesia Little Log,
Palmer Lake, Colorado

———

En *Complementos Perfectos*, Walt y Barb le orientarán para que comprenda mucho mejor las maneras especiales en que Dios creó al esposo y la esposa para que se complementen el uno al otro. Estimo que el Señor utilizará este libro para persuadir a muchos hombres y mujeres casados a que disfruten cada día más de su unión en Cristo.

RODNEY WOOD, doctor en filosofía,
presidente de The Mission Foundation

OTROS TÍTULOS ESCRITOS POR WALT LARIMORE, DR. EN MEDICINA

◊ Medicina Alternativa
(escrito junto a Donal O'Mathuna)

◊ Best of Bryson City audio

◊ Bryson City Tales: Stories of a Doctor's First Year of Practice in the Smoky Mountains

◊ Bryson City Seasons: More Tales of a Doctor's Practice in the Smoky Mountains

◊ Bryson City Secrets: Even More Tales of a Small-Town Doctor in the Smoky Mountains

◊ El plan de Dios para niños saludables
(con Stephen y Amanda Sorenson)

◊ El plan de Dios para adultos saludables (con Traci Mullins)

◊ El plan de Dios para adolescentes saludables (con Mike Vorkey)

◊ Going Public with Your Faith: Becoming a Spiritual Influence at Work
(escrito junto a William Carr Peel)

◊ Going Public with Your Faith: Becoming a Spiritual Influence at Work audio
(escrito junto a William Carr Peel)

◊ Going Public with Your Faith: Becoming a Spiritual Influence at Work - Groupware™ Programa con video, DVD, guia para líderes, y cuaderno de ejercicios para participantes
(escrito junto William Carr Peel, Stephen y Amanda Sorenson)

◊ The Honeymoon of Your Dreams: A Practical Guide to Planning a Romantic Honeymoon (escrito junto a Susan A. Crockett)

◊ Lintball Leo's Not-So-Stupid Questions about Your Body
(con John Riddle, ilustrado por Mike Phillips)

◊ The Saline Solution: Becoming a Spiritual Influence in Your Medical Practice, programa con video para grupos reducidos, guía para líderes, y cuaderno de ejercicios para participantes
(escrito junto a William Carr Peel)

◊ SuperSized Kids: How to Rescue Your Child from the Obesity Threat
(escrito junto a Cheryl Flynt y Steve Halliday)

◊ Why ADHD Doesn't Mean Disaster
(escrito junto a Dennis Swanberg y Diane Passno)

COMPLEMENTOS *Perfectos*

Mente de él *Mente de ella*

Cómo *diferencias divinamente* diseñadas
pueden *fortalecer* su matrimonio

DR. WALT LARIMORE Y BARB LARIMORE

COMPLEMENTOS PERFECTOS
Edición en español publicada por
Editorial Vida – 2010
Miami, Florida

Originally published in the USA under the title:
His Brain, Her Brain
Copyright © 2008 by Walter Larimore, MD
Translation copyright © 2010 by Walter Larimore, MD
Translated by Good Idea Production, Inc.
Published by permission of Zondervan, Grand Rapids, Michigan 49530

Traducción, edición, diseño interior y adaptación de cubierta: *Good Idea Production, Inc.*

ISBN: 978-0-8297-5647-0

CATEGORÍA: Vida cristiana / Amor y matrimonio

IMPRESO EN ESTADOS UNIDOS DE AMÉRICA
PRINTED IN THE UNITED STATES OF AMERICA

10 11 12 13 14 ❖ 6 5 4 3 2 1

A nuestros padres,
Stan e Inez Shaw y Philip y Maxine Larimore, que
demostraron permanente devoción
y dedicación el uno al otro
en los buenos tiempos y en épocas difíciles.

———

A Bill y Jane Judge,
que han sido nuestros mentores matrimoniales, ejemplo y
amigos durante más de veinte años.

CONTENIDO

PRÓLOGO

TAL VEZ, LAS PAREJAS SOBRE LAS CUALES LEEMOS EN LA BIBLIA, HACE
ya miles de años se enfrentaron en sus relaciones a los mismos
misterios básicos que nosotros afrontamos en la actualidad. Me
imagino que Sara preguntó con preocupación a sus amigas,
«¿por qué Abraham no me *dice* lo que siente?» Y a su vez él
dijo a los hombres de la carpa más próxima, «¿por qué ella no
puede dejar pasar las cosas?». Rebeca, la nuera de ellos probablemente le gritó a Isaac. «¡No quiero que lo *arregles*, quiero que
escuches!». Y es factible que Isaac al marcharse murmurara.
«¡Bien, ayudaría si dejaras de hablar!»

Por su parte, Moisés y Séfora quizás discutieron porque él se detuvo a pedir que le indiquen el camino cuando
estaban perdidos en el desierto. Entre tanto, el rey David
sabía muy bien que si no apartaba la mirada de Betsabé
desde arriba de aquel techo, tendría problemas.

Es importante que usted entienda el concepto. Estos
interrogantes en las relaciones no solo son universales,
sino intemporales. Tienen poco que ver con las circuns-
tancias o la cultura y mucho con la forma en que nuestros
cerebros están creados.

En los últimos diez años hubo una explosión de conocimientos en el campo de la ciencia del cerebro, porque los
científicos realizaron una revisión completa de sus ideas

anteriores. En este sentido, el descubrimiento más importante es que los cerebros no son iguales ni mucho menos. Cada uno de nosotros ha sido diseñado con una mente específicamente masculina o femenina según corresponda, y esto afecta todo, desde cómo procesamos nuestros sentimientos más íntimos (las mujeres: rápido; los hombres: despacio) hasta con cuánta rapidez nuestros cuerpos están preparados para la intimidad física (imagínese).

Para su conocimiento le comento que he pasado los últimos años investigando las principales sorpresas que solemos no «comprender» acerca de las personas más importantes para nosotros, especialmente aquellas cosas que las mujeres necesitan saber sobre los hombres y viceversa. Si bien fue un proceso fascinante, a menudo también ha sido frustrante ya que si por ejemplo aunque podía decir: «Así es cómo los hombres piensan y sienten normalmente» sobre un tema específico, no tenía respuesta al porqué.

En muchos casos, la ciencia de la mente revela el porqué. Y una vez que entendemos que existe una explicación *física* detrás de tantos comportamientos confusos, todo cambia. Por ejemplo, durante un conflicto en vez de pensar «Él simplemente *elige* no compartir lo que siente», la esposa puede darse cuenta de que los circuitos cerebrales de su esposo están sobrecargados de emoción, y pueden pasar varias horas hasta que él sea físicamente capaz de procesar o compartir sus pensamientos. O el esposo puede comprender que la relativa falta de testosterona de su esposa significa que física y sexualmente ella no puede entrar en intimidad tan rápido como él, y que por lo tanto ella necesita que la traten de manera diferente.

Lo importante es que una vez que me enteré de los avances en la ciencia del cerebro, supe que llegar a saber cómo lidiar con esto *debía* ser el próximo paso en mi propia investigación. Tengo que admitir que la postergué durante más de un año solo porque sentía un vacío en el estómago cada vez que miraba el montón de escritos sin leer, publicaciones especializadas y libros de texto que estaban ubicados sobre el estante al lado del escritorio.

La mayoría de nosotros no puede leer cada estudio sobre la ciencia sobre la mente para extraer las pequeñas cosas que nos afectan a diario. Es aquí que aparece *Complementos Perfectos*. No puedo describir la alegría que me dio al ver que una pareja tan respetada en la medicina y el ministerio había abordado la investigación para que el resto de nosotros no tuviera que hacerlo. Walt y Barb Larimore tomaron toda la complicada ciencia sobre la mente, extrajeron los puntos más importantes que nosotros tenemos que entender el uno del otro, y luego los ubicaron en términos que podamos comprender. Consumí todo el material y al instante encontré las aplicaciones para mi propio matrimonio. Sé que usted también lo hará.

Le aconsejo que separe algo para comer y beber y siéntese cómodo en su lugar predilecto, porque si se parece un poco a mí, no podrá dejar de leer.

¡Vivamos estas diferencias!

SHAUNTI FELDHAHN,
Orador público, columnista
independiente y autor del éxito
de ventas *For Women Only* y el
libro complementario
For Men Only

AGRADECIMIENTOS

SON VARIAS LAS PERSONAS QUE COLABORARON EN LA ELABOración de este libro. Estamos profundamente agradecidos a Zondervan por su apoyo. Cindy Hays Lambert, vio este libro en sus etapas iniciales mientras estuvo en Zondervan. Sandy Vander Zicht fue nuestra editora y defensora durante el desarrollo y publicación del mismo. Los consejos expertos de Sandy y su ayuda han sido fundamentales para el desarrollo, escritura y edición. Dirk Buursma, con la habilidad que lo caracteriza, armó el manuscrito final. Asimismo, damos gracias por el trabajo profesional y prudentes sugerencias de edición que evitaron que muchos errores aparecieran en estas páginas. No obstante, nos atribuimos cualquiera de ellos que puedan haber permanecido.

Nuestro agradecimiento a Scott Heagle y Karen Campbell por brindarnos conocimientos de comercialización y relaciones públicas, a Beth Shagene por su magnífico diseño interior, y Jeff Gifford por su fabuloso diseño de tapa. Muchas otras personas en Zondervan colaboraron con el libro final y estamos agradecidos a todos ellos.

Durante la escritura y desarrollo del manuscrito, fue un placer trabajar con nuestros amigos y colegas Stephen y Amanda Sorenson quienes fueron los editores de estilo. Amanda se convirtió en asesora, editora y nuestro principal estímulo durante el desarrollo de este trabajo. También ha sido nuestra confidente, animadora y crítica. Su increíble habilidad para entretejer un hermoso manuscrito con las palabras y el hilo de nuestros pensamientos ha sido un valioso regalo. Gracias Amanda por el apoyo, aliento y oraciones durante las fases finales de escritura de este libro.

También agradecemos a Paul Batura por ayudarnos con la investigación y los permisos y a Ned McLeod, nuestro asesor comercial y amigo de toda la vida. Gracias por los consejos de diseño y conocimientos de Sally Dunn.

Nuestra gratitud a todos aquellos que se tomaron tiempo para revisar los borradores del manuscrito y ofrecer sugerencias que mejoraron el libro terminado incluyendo a Zanese Duncan; Gene Rudd, doctor en medicina; Kent Shih, doctor en medicina; David Stevens, doctor en medicina; el pastor Chris Taylor y el doctor Rodney Wood. También agradecemos al Consejo de Ancianos de nuestra iglesia local, la Iglesia Little Log en Palmer Lake, Colorado (pastor Bill Story, Jeff Ball, Dave Flower, y Rick Fisher) por su crítica y sus consejos. Gracias a Allan Harmer, master en teología, por su aliento y aprobación.

Por último, y lo más importante, agradecemos a Dios por permitirnos servirle a través de la escritura. Nuestra plegaria más profunda es que este libro contribuya a darle gloria a él.

> Walt y Barb Larimore
> Monument, Colorado
> octubre de 2007

Introducción

¿Será cierto que el mundo necesita otro libro sobre el matrimonio? En realidad, creo que no, porque existen cientos de ellos y muchos son éxitos de ventas. En lo que a mí (Walt) respecta, no me sentía interesado en incrementar la lista.

Pero yo (Barb) sí creía que era necesario un libro que mostrara lo que las mujeres siempre hemos sabido, que nuestros mentes femeninas son únicos y que nosotras pensamos, sentimos, percibimos, reaccionamos, amamos, necesitamos y vemos la vida y las relaciones desde una óptica diferente como lo hacen nuestros esposos.

Barb estaba en lo correcto. Cuando entendimos que Dios nos creó para que fuésemos muy diferentes el uno del otro y que aun así representábamos el regalo que él nos hacía a cada uno de nosotros, comenzamos a experimentar un matrimonio con mucho más sentido y que nos llenaba de satisfacción. Ese fue el momento en que decidimos pensar en escribir un libro que ayudara a hombres y mujeres a descubrir cómo esas distinciones pueden llevarlos a vivir un matrimonio gratificante y con propósitos.

Si comprendemos la forma en que Dios nos creó, es probable que convirtamos nuestras miles de diferencias y debilidades en unión y fuerza para que podamos vivir en plenitud la alegría del designio precioso de Dios para el matrimonio.

Si para usted es nuevo el concepto de que el cerebro de él y el de ella son diferentes desde el útero, tenga la seguridad de que antes lo fue para mí también. En realidad, fue después de cursar la universidad y la escuela de medicina que me convencí definitivamente.

No es nada extraño que a Walt le insumiera tanto tiempo. Él creció sin hermanas. Sin embargo, en mi círculo familiar mis hermanas y yo teníamos hermanos, así que sabíamos que los niños y las niñas eran diferentes, incluso antes de contar con el vocabulario para decirlo.

Reconozco que fui un poco incrédulo. Durante mi adolescencia y los años de universidad consumí las explicaciones populares de que los hombres y mujeres éramos iguales y que solo nos diferenciábamos bajo la influencia de la cultura, entorno, crianza y sociedad. Pasado el tiempo varios acontecimientos me hicieron cambiar de parecer.

En primer lugar, cuando estaba en el último año de la escuela secundaria me enamoré de Barb y empecé a aprender de forma directa las muchas diferencias existentes entre nuestras mentes.

En segundo lugar, durante la universidad, Barb y yo comenzamos a estudiar la Biblia juntos. Una de las tantas cosas que aprendimos fue que Dios había creado a los hombres y mujeres para que fuesen distintos. Y no solo eso, sino que estas diferencias inspiradas divinamente fueron planeadas para fortalecer nuestra relación con Dios y entre nosotros mismos.

Al estudiar la Biblia juntos, llegamos a comprender con asombro cómo, a través de los principios de Dios y de la relación personal con él, los hombres y mujeres pueden tornarse mejores personas ya sean esposos o esposas, padres o madres; además de construir un matrimonio más sólido al entender nuestras diferencias planificadas divinamente.

En tercer lugar, durante mis años de práctica médica, supe de los hallazgos científicos que habían comenzado a descubrir las innumerables diferencias entre el cerebro de los hombres y el de las mujeres. En particular, me impresionaron algunas de las espectaculares y dinámicas diferencias entre la mente masculina y la femenina así como las sustancias químicas del cerebro.

Es así que nos dedicamos a buscar información entre muchísimos estudios, libros y sitios web para brindarle los hallazgos más recientes y prácticos de investigadores científicas de todo el mundo. Mientras Barb y yo discutíamos estos hallazgos nos quedamos asombrados con la explicación de por qué los hombres y las mujeres se comportan del modo que lo hacen.

Lo sorprendente es que estas diferencias tenían sentido no solo desde un punto de vista científico, sino que percibimos que nosotros mismos las experimentábamos. Estas distinciones planeadas divinamente afectan la manera en que pensamos, reaccionamos, respondemos y nos comportamos día a día.

Cada uno de los factores confirmó lo que las enseñanzas bíblicas establecen respecto a las diferencias entre hombres y mujeres. Lo descubierto por los científicos tiene correlación con lo que nosotros detectamos sobre el proyecto del Creador para los esposos y esposas. Creemos que si se entienden y aplican según los principios bíblicos, las diferencias creadas por Dios pueden lograr, como hicieron las nuestras, que su matrimonio sea más gratificante y estable.

Mientras le acerquemos lo que hemos aprendido, yo (Barb) haré todo lo posible para evitar que Walt profundice demasiado en lo que llamo «ciencia aburrida». A menudo tengo que recordarle que evite dar DI, es decir, demasiada información. Aunque tengo activa participación en cada una de las partes de este libro, por razones de simplicidad Walt será el narrador principal. Cuando necesite decir algo desde mi propio punto de vista, encontrará las palabras en cursiva, tal cual aquí, para que pueda identificar rápidamente quien habla.

Mi esposa y yo estuvimos de acuerdo en que queríamos que usted tuviese suficiente información para entenderse con la otra persona, y también consejos prácticos para que aplique la información con eficacia en su matrimonio y relaciones. No obstante, en la contratapa del libro ofrecemos una gran cantidad de citas para quienes requieran encontrar más información sobre la investigación y la teología pertinente.

Si bien pensamos que nuestra experiencia es aplicable a la mayoría de los hombres y mujeres, generalizamos mucho. Así que es posible que lo que digamos no proceda en un ciento por ciento para su caso. Por eso le aconsejamos que tome lo que necesite y descarte el resto.

Por otra parte, cuando señalemos a hombres y mujeres, niños y niñas, significa que nos referimos a «la mayoría» y nunca a «todos o todas». Sabemos que pueden existir excepciones a lo que decimos, incluso quizás en *su* vida y *su* matrimonio. Le animamos a no desechar partes de lo escrito. Por el contrario, tome nota de las excepciones, continúe con la lectura y diviértase mientras aprende.

Nuestro objetivo es simple: Ayudarle a visualizar el valor de su esposo o esposa (o futuro esposo o esposa) y el designio y características únicas de él o ella.

Ansiamos colaborar para fortalecer su matrimonio y ayudar a los hombres a entender la mente de sus esposas y cooperar con las mujeres para que interpreten la mente de sus esposos, a fin de que usted y su esposo o esposa puedan servir a Dios y a otros con mayor éxito del que podrían lograr en forma separada. Cuando usted se convierta en una persona que ame y celebre las diferencias desarrolladas divinamente entre su mente y el de su esposo o esposa (*debido a* las diferencias y no *a pesar de* ellas), entonces tendrá una base más sólida de un amor para toda la vida.

Si por el contrario no podemos comprender y apreciar estas distinciones de la mente como un regalo de Dios de incalculable valor, entonces corremos el riesgo de encontrarnos haciendo eco de los pensamientos de Katharine Hepburn cuando dijo: «A veces me pregunto si el hombre y la mujer en verdad están hechos el uno para el otro. Quizás deberían vivir uno al lado del otro y tan solo visitarse de vez en cuando».[1]

Esperamos que este libro les resulte didáctico y divertido de leer a usted y su cónyuge. Es nuestro deseo que Dios utilice sus principios y su palabra para enseñar y estimularle a que comprenda y trate a su esposo o esposa como el don único especialmente creado que está destinado a ser.

También pretendemos que cuando lea y reflexione sobre los principios de este libro y compare el contenido con la Biblia, el creador del cerebro de él y el de ella comience a trabajar en *su* cerebro, *su* mente y *su* corazón. A medida que aplique las sugerencias de este libro y considere ponerlas en práctica en su vida, verá que su matrimonio comienza a cambiar.

Prepárese para la risa y la sorpresa. Y más que nada, esté atento para poner en práctica estos principios por el bien suyo, de su matrimonio, de sus hijos si tiene la dicha de tenerlos, y por el bien de la Gloria de Dios.

Referencias

1. Katharine Hepburn, *Brainy Quote: www.brainyquote.com/quotes/quotes/k/katharineh100498.html,,* 12 de abril del 2007.

PRIMERA PARTE

COMPLEMENTOS *Perfectos*

LA CIENCIA

Capítulo

DIFERENTES POR DESIGNIO DIVINO

UN SÁBADO POR LA MAÑANA NUESTRO BUEN AMIGO CHRIS VINO a casa para pasar un tiempo con nosotros y beber una taza de café. La pareja compuesta por Chris y su esposa, Sherri, llevaban casi seis meses de casados. Nos habían elegido a Barb y a mí como sus mentores matrimoniales, por lo que nos habíamos reunido durante su compromiso y continuamos haciéndolo después de la boda. Luego de hacer algunos comentarios sobre la temporada de fútbol de los Denver Broncos, Chris y yo comenzamos a hablar sobre el matrimonio.

Él dijo: «Walt, cuando Sherri y yo nos reunimos con Barb y contigo antes de casarnos, ustedes nos enseñaron algunas de las diferencias entre los hombres y las mujeres y entre nuestras mentes. Yo acepté lo que ustedes dijeron pero no me di cuenta con exactitud de lo mucho que esto significaba».

Pregunté: «¿En qué sentido?».

«Ni siquiera sé por donde comenzar. Hay *tantas* maneras en las que somos diferentes. Por ejemplo, si hablamos de sexo, a Sherri le gusta pasar treinta minutos con juegos previos. Para mí, apagar la luz de nuestra habitación ya es un juego preliminar. A mí me gusta mirar fútbol y *The Unit* y a ella le gusta mirar *Bailando con las estrellas* y cualquier cosa que pasen por HGTV».

Mientras él bebió un sorbo de café yo permanecí en silencio porque sabía que diría más.

«Cuando le escribo una nota a Sherri, contiene lo imprescindible, lo que ella necesita saber. Ahora, cuando Sherri me escribe, usa papeles perfumados y de colores y dibuja pequeños corazones sobre las *í*. Incluso cuando me dice algo malo en un escrito, dibuja una tonta carita al final. ¡Yo *detesto* eso! Y lo que es peor, quiere que yo escriba notas de la misma manera».

Parecía estar absorto en el pensamiento y luego continuó. «Otra cosa que me molesta es que cuando yo digo que estoy listo para salir, significa que estoy listo para salir en ese momento. Cuando Sherri dice que ya está preparada para salir, significa que lo estará dentro de una hora, después que termine de peinarse, maquillarse y cambiarse la ropa dos o tres veces».

Y agregó: «Mejor ni hablar de lo que sucede con el tema del baño. Yo solo cuento con seis artículos en el baño: crema de afeitar, rasuradora, cepillo de dientes, pasta de dientes, jabón y desodorante. ¡Pero Sherri debe tener sesenta artículos! Yo ni siquiera sé para qué se utilizan esos artículos».

«Y pregunto Walt, ¿el teléfono celular no es una herramienta de comunicación? Yo uso el mío para comunicar información en llamadas cortas y mensajes de texto breves o para recibir una respuesta. ¡Sherri usa su teléfono celular para hablar con una amiga durante dos horas *después* de que almorzaron juntas el mismo día!».

Finalmente se quedó en silencio y yo pude decir: «Chris, ¿entonces qué significa todo esto para ti?»

Bebió su café pensativo y luego asintió con la cabeza. «Tenía razón cuando me dijo que los hombres y las mujeres son *muy* diferentes. Ahora tengo que comprender qué hacer con esas diferencias».

¡Realmente lo vemos diferente!

Existe una historia sobre un profesor de inglés que escribió en el pizarrón la siguiente frase:

Una mujer sin un hombre no es nada.

Luego, el profesor pidió a los alumnos que armaran otra frase usando esas palabras. La mayoría de los varones escribió:

Una mujer no es nada sin un hombre.

Sin embargo, la mayoría de las mujeres escribió:

Un hombre no es nada sin una mujer.[1]

No es solo nuestra imaginación

Chris tiene razón. Incluso sin evidencia científica, percibimos que los hombres y las mujeres son *muy* diferentes. Una encuesta en línea preguntaba si las personas estaban de acuerdo con la afirmación «Los hombres y las mujeres son muy diferentes». El setenta por ciento contestó: «Sí, ¡mundos separados!». Un dieciocho por ciento eligió la siguiente respuesta: «En realidad no. Solo es una publicidad exagerada». Y el doce por ciento restante sostuvo: «No estoy del todo seguro».[2]

Mis amigas dicen que sus esposos a veces son desconsiderados o desatentos, no escuchan como deberían, piensan demasiado en el sexo y los deportes, no son tan compasivos como podrían serlo, quieren tener sexo en vez de hacer el amor y no bajan la tapa del inodoro como deberían.

Por otro lado, con frecuencia escucho a mis amigos quejarse por la manera en que conducen sus esposas, debido a que ellas no pueden leer los mapas del lado correcto, hablan y gritan demasiado, no pueden explicar sus sentimientos intuitivos, no toman la iniciativa en las relaciones sexuales con la suficiente frecuencia y bajan la tapa del inodoro cuando está claro que debería quedar levantada.

En su libro *¿Por qué los hombres no escuchan y las mujeres no entienden los mapas?*, los autores Barbara y Allan Pease hacen el siguiente comentario:

Los hombres nunca pueden encontrar un par de medias pero sus CD están organizados por orden alfabético. Las mujeres siempre pueden encontrar las llaves extraviadas del auto pero pocas veces la ruta para llegar a su destino. A los hombres les maravilla la manera en que una mujer puede entrar a una sala repleta de personas y hacer un comentario al instante sobre cada una de ellas; las mujeres no pueden creer que los hombres sean tan poco observadores.[3]

Estas diferencias no son algo que imaginemos. No son elecciones deliberadas que hacemos solo para molestar al otro. No se deben a peculiaridades de la personalidad. La mayoría de estas diferencias, si no todas, tienen que ver con las distintas maneras en que funciona la mente de él y de ella.

Un gran número de investigaciones sobre el cerebro publicadas durante las últimas dos décadas revela que existen diferencias anatómicas, químicas, hormonales y fisiológicas espectaculares entre el cerebro de él y el de ella. Estas distinciones tienen un impacto en las emociones, pensamientos y comportamientos de niños y adultos. Las mismas son tan profundas que la genetista Dra. Anne Moir y el periodista David Jessel comienzan su libro *El sexo en la mente: la verdadera diferencia entre hombres y mujeres* con la siguiente afirmación provocativa: «Los hombres son diferentes a las mujeres. Son iguales solo porque ambos pertenecen a la misma especie, la raza humana. Sostener que son iguales en capacidad, habilidad o comportamiento es construir una sociedad basada en una mentira biológica y científica».[4]

Nuestras diferencias: creadas en el útero

Si la mente de él y la de ella son tan distintos, significa que estas diferencias ¿son innatas o inculcadas? ¿La mente de los hombres es diferente al de las mujeres por naturaleza o crianza? ¿Las distinciones entre nuestras mentes son creadas o derivadas?

La respuesta a estos interrogantes es simple: no solo el cerebro de él y el de ella son diferentes, sino que son intencionalmente *diseñados* así **por nuestro Creador**. Al momento de nacer, el cerebro de él es tan distinto al de ella que el neuropsicólogo de la Universidad de Cambridge, Dr. Simon Baron Cohen, los describe como que tienen «diferencias esenciales».[5]

Existe abundante evidencia científica que respalda el hecho de que muchas de las diferencias espectaculares entre el cerebro de él y de ella son innatas. La Dra. y neuropsiquiatra de la Escuela de Medicina de la Universidad de California, San Francisco, Louann Brizendine, escribe lo siguiente: «No existe el cerebro unisex. Las niñas ya nacen creadas como niñas y los niños creados como niños. Sus cerebros ya son diferentes al nacer».[6]

Haciendo gala de un estilo sorprendentemente sincero, la Dra. Anne Moir escribe: «Los niños y las niñas no son pizarras en blanco ... Nacen con mentes masculinas o femeninas propias. Ellos y ellas ya hicieron su elección en el útero, a salvo de las legiones de ingenieros sociales que les esperan con impaciencia».[7]

La única objeción que formulamos a lo expresado por la Dra. Moir es que los niños y las niñas que todavía no han nacido no deciden en el útero. En cambio, el cerebro y el sistema nervioso de un niño o una niña durante este período son hábil y deliberadamente creados en el útero. O como comentó el rey David:

Tú creaste mis entrañas; me formaste en el vientre de mi madre.

¡Te alabo porque soy una creación admirable! ¡Tus
obras son maravillosas, y esto lo sé muy bien!
Mis huesos no te fueron desconocidos cuando en lo más
recóndito era yo formado,
cuando en lo más profundo de la tierra era yo entreteji-
do. Tus ojos vieron mi cuerpo en gestación.[8]

Como descubriremos juntos, gran parte de las diferencias se observan de manera temprana en el desarrollo, incluso en el útero. ¡Y cada mamá que lea este libro y
que haya criado a un niño y una niña ha detectado estas
diferencias! Aunque algunos investigadores afirman que
la gran cantidad de diferencias que observamos entre
los hombres y las mujeres son el resultado de «la crianza
sobre la naturaleza» (crianza como diferencias basadas en
la cultura, socialización, enseñanza o experiencia), existe
un acontecimiento que puede eliminar este error por completo y es el hecho de tener hijos.

El Dr. Marc Breedlove, un experto en el efecto de
las hormonas en desarrollo de la mente, también fue un
defensor de la teoría de «la crianza sobre la naturaleza», hasta que tuvo una hija. Le sorprendió ver que ella
no tuviera interés en los juguetes de su hermano mayor.
Incluso antes de que pudiera hablar, comprobó que ado-
raba entrar en el ropero para probarse los zapatos de su
madre. Ya cuando tenía seis años, la hija de Breedlove
evitaba usar pantalones y solo se colocaba vestidos. Como
resultado, Breedlove «utiliza el término "sin hijos" para
describir a las personas que piensan "que solo la sociedad
diseña los roles sexuales de los niños y las niñas"».[9]

Testosterona en el cerebro

Sobre el particular, cabe hacernos el siguiente interrogante: ¿Qué sabemos sobre los procesos en el útero que hacen
que las niñas sean niñas y los niños sean niños? Durante
las últimas décadas, aprendimos más de lo que podríamos

imaginar y todo comienza con la hormona masculina llamada testosterona.

Con frecuencia escuchamos bromas acerca de las hormonas femeninas porque conocemos lo mucho que afectan a las mujeres. Vimos a hombres blanquear los ojos, mover la cabeza y murmurar «hormonas femeninas» cuando la convivencia con una mujer se torna difícil. ¡Pero, permítame decirle que lo que las hormonas femeninas le hacen a las mujeres es menor comparado con lo que la hormona masculina, la testosterona, realiza en el cerebro y el cuerpo de un niño que todavía no ha nacido y está en el útero!

Cuando tiene aproximadamente seis semanas de gestación, las hormonas masculinas de un niño que todavía no ha nacido (que se llaman *andrógenas*) comienzan a funcionar. Una andrógena en particular, la testosterona, se convierte en el mensajero principal para el cerebro y el cuerpo de un niño que todavía no ha nacido. «Se produce un nivel máximo de testosterona en los hombres ... eso es muy importante para el comportamiento sexual futuro», escribe la Dra. Sophie Messager de Paradigm Therapeutics en Cambridge, Inglaterra. Y agrega: «Si se bloquea, las ratas macho se comportan como las hembras por el resto de sus vidas».[10]

La testosterona informa sobre toda la carga potencialmente femenina que entrará en estado de hibernación mientras que estimula la carga masculina (como los genitales de un niño) para que crezca de manera desenfrenada. Además, la testosterona tiene un efecto increíble en los músculos y hace que los niños pequeños se muevan, se peguen y se den codazos casi constantemente.

¡Aquellas de nosotras que hemos dado a luz y luego criamos niños pequeños podemos decir que ellos siempre se están moviendo, tanto dentro como fuera del vientre! Mucha de esta actividad se debe a la testosterona, que también endurece los huesos que se están desarrollando en un

niño, incluso el cráneo. Entonces, cuando nosotras, como madres, pensamos que los niños pequeños y los hombres en los que se convierten parecen un poco «cabeza dura», tenemos toda la razón.

No solo los huesos, músculos y genitales de los niños están expuestos al baño de testosterona que ocurre en el útero, sino que esta convierte sus cerebros femeninos innatos en cerebros masculinos únicamente.[11] Entre tanto, el cerebro femenino en desarrollo, no expuesto a la testosterona, sufre poco cambio esencial en estructura o función, pero ¡la ráfaga de testosterona es para él un proceso que altera la mente!

Por ejemplo, el cuerpo calloso es la estructura más grande que conecta el lado derecho e izquierdo del cerebro. Esta tubería de más de trescientos millones de fibras[12] funciona como una gigantesca conexión veloz y poderosa que permite que ambos lados del cerebro se comuniquen entre sí y procesen el uno para el otro. El porcentaje de testosterona en realidad provoca que partes del cuerpo calloso disminuyan su tamaño al disolver porciones de la conexión o al bajar el crecimiento de los nervios.[13]

En mujeres que aún no han nacido, ocurre lo opuesto. La exposición a la hormona femenina, el estrógeno, en realidad motiva que las células nerviosas hagan crecer más conexiones entre el cerebro derecho e izquierdo. Entonces, no solo es el cuerpo calloso de una niña mayor que el de un niño antes del nacimiento, sino que continúa siendo más grande en la niñez[14] y en la adultez.[15]

La testosterona también provoca que otras áreas del cerebro masculino cambien para siempre al preservar las células nerviosas que piensan mientras retardan el desarrollo de las fibras que conectan los centros de procesamiento. ¿Cuál es el resultado? Su esposa no solo tiene un cuerpo calloso más desarrollado, sino que también posee mayor poder de procesamiento subconsciente que usted.

Es más que solo hormonas

Las hormonas masculinas que inundan al niño que todavía no ha nacido y las hormonas femeninas que empapan a la niña que no ha nacido, no alcanzan a explicar todo sobre las diferencias del desarrollo entre el cerebro masculino y femenino. También existen distinciones estructurales y genéticas.

Debido a que el cerebro de los hombres es, en promedio, cerca de un diez por ciento más grande que el de las mujeres, se esperaría que ellos sean más inteligentes. Sin embargo, esto no es así. En general, los hombres y las mujeres logran de manera sistemática los mismos resultados en las pruebas de inteligencia. Por mucho tiempo esto ha sido una paradoja para los neurocientíficos. Sin embargo, los investigadores del Centro Médico de la Universidad de Pensilvania descubrieron una explicación. La doctora en medicina y profesora de psiquiatría y neurología Raquel E. Gur, PhD, escribe: «El cerebro de las mujeres parece ser más eficiente que el de los hombres en el sentido de que un aumento igual en volumen produce una mayor capacidad de procesamiento en las mujeres que en los hombres».[16]

Mientras que el cerebro masculino contiene cerca de 6,5 veces más materia gris, la «materia del pensamiento», el cerebro de las mujeres tiene más de 9,5 veces más de materia blanca, la «materia del procesamiento».[17] Un ejemplo se puede ver en el cuerpo calloso. Las mujeres no solo tienen una conexión superior entre los hemisferios, sino que el cerebro de ellas está formado casi por completo de materia blanca. «Que las mujeres tengan más de este tipo de materia que se conecta entre los hemisferios del cerebro implica que ellas tendrían una mejor comunicación entre los diferentes modos de percibir y relacionarse con el mundo», dice la Dra. Gur. Asimismo expresa: «Por otro lado están los hombres, que tienen menos cuerpo calloso que está formado por inferior cantidad de materia blanca, que demostrarían mayor concentración en el funcionamiento dentro de cualquiera de esos procesos».[18]

Entender esto puede ser crucial para comprender a nuestros esposos, su tenacidad, resolución, determinación y firmeza. ¡También puede ayudar a la comprensión y apreciación de nosotras, es decir, nuestra intuición y manera en que podemos comprender a las personas!

Por el lado genético, el Dr. Eric Vilain, quien realizó en la UCLA una investigación sobre la genética del desarrollo sexual en los seres humanos, descubrió diferencias en los genes que juegan un papel preponderante en la distinción entre el cerebro masculino y el femenino. Él y sus colegas compararon la producción de genes en el cerebro de ratones machos y hembras en estado embrionario, mucho antes de que los animales desarrollaran órganos sexuales.[19] Para sorpresa de ellos descubrieron por lo menos cincuenta y cuatro genes que se producen en cantidades diferentes en el cerebro de ratones machos y en el de las hembras *anterior a* la influencia de cualquier hormona masculina. Dieciocho de estos genes se ubicaron en niveles mayores en el cerebro de los machos, mientras que treinta y seis se encontraron en niveles superiores en el cerebro de las hembras.

Sobre el tema, el Dr. Vilain dijo durante una entrevista: «No esperábamos encontrar diferencias genéticas entre cerebros de distinto sexo. Descubrimos que el cerebro de los machos y de las hembras eran diferentes de muchas maneras apreciables, incluso en la anatomía y función».[20] Si bien este estudio se realizó en ratones, los investigadores consideran que es muy probable que también se aplique a personas.

Otros estudios demuestran que «los genes de cromosomas sexuales contribuyen directamente al desarrollo de una diferencia sexual en el cerebro».[21] Para comprender este impacto, necesitamos examinar lo básico sobre cromosomas sexuales.

En la concepción, un par de cromosomas* sexuales se duplica en cada célula de nuestro cuerpo; cada una proveniente de cada padre. Como regla general, los hombres tienen un cromosoma X y un cromosoma Y, y las mujeres dos cromosomas X. A medida que un niño pequeño comienza a crecer dentro del útero, su mapa genético empieza a enviar un mensaje utilizando sus cromosomas XY. Las niñas pequeñas hacen lo mismo pero con cromosomas XX.

Muchos de los genes en el cromosoma Y están involucrados en la diferenciación y desarrollo masculino. Es en el cromosoma Y donde comienza la maratón del desarrollo que hace distinto al niño pequeño y su cerebro, del de la niña pequeña y el de ella. El cromosoma Y ordena al tejido gonadal de los niños que se convierta en testículos, y ellos son la principal fábrica para la producción de testosterona que estimula el desarrollo de la masculinidad en el cerebro y el cuerpo de los niños que todavía no han nacido.

Las mujeres tienen dos cromosomas X, uno de la madre y otro del padre. Uno de los dos cromosomas X en cada célula de las mujeres está activo y el otro por lo general permanece inactivo. Los investigadores descubrieron que las respuestas del cerebro varían de acuerdo a cuál gen X está inactivo.[22] En la proporción de uno en cinco de estos genes extras evita quedar inactivo y en realidad permanece despierto. Cuando esto acontece, las células femeninas obtienen una «dosis doble» de genes X. Se cree que los mismos en exceso o alternativos ayudan a proteger a las mujeres de una gran variedad de trastornos físicos, mentales y de comportamiento.[23]

---

* Un cromosoma es una estructura con forma de varilla o parecido a un hilo, que contiene ADN y está ubicado en el núcleo de cada célula del cuerpo.

Asimismo, estos genes en exceso también dan como resultado mayor diversidad genética en el cerebro de la mujer. La columnista del *New York Times,* Maureen Dowd, escribió: «Las mujeres no solo son más diferentes de los hombres de lo que sabíamos. También son más distintas entre ellas de lo que suponíamos, criaturas de una "infinidad de variedades", como escribió Shakespeare». Dowd termina diciendo: «Esto significa que las generalizaciones de los hombres sobre las mujeres también son correctas. Ellas son inescrutables, cambiantes, astutas, e idiosincrásicas; es decir, una especie diferente».[24]

En lo que respecta a las ventajas de tener dos cromosomas X, el experto en genomas de la Universidad de Duke, Dr. Huntington Willard, dice: «Nosotros, pobres hombres, solo tenemos 45 cromosomas para hacer nuestro trabajo porque el número 46 es el patético Y que solo tiene unos pocos genes ... Por el contrario, ahora sabemos que a las mujeres les funcionan la totalidad de los 46 cromosomas y el número 46 es un segundo X que funciona a niveles mayores de lo que sabíamos».[25]

> *A*quí hay más para saber, tal vez más detalles y descripciones para agregar, pero la naturaleza y causa de las diferencias entre la mente de él y la de ella ahora se conocen más allá de las especulaciones, del prejuicio y la duda razonable.[26]
>
> **Dra. Anne Moir**

El Dr. Williard, junto con la Dra. Laura Carrel, bióloga molecular de la Escuela de Medicina de la Universidad de Pensilvania, descubrieron que un quince por ciento (200-300) de los genes del segundo cromosoma X en las mujeres, que se creía estaban inactivos y silenciados, están bien activos, lo que le proporciona a las mujeres más actividad genética que a los hombres.[27] Los dos cromosomas X en las mujeres son otra parte de la explicación de cómo el comportamiento y los rasgos muy diferentes de hombres y mujeres están creados en el cerebro, además de ser hormonales y culturales.[28]

Designio divino

Ya que es evidente que muchas de las diferencias existentes entre la mente de él y la de ella son reales e innatas, la próxima pregunta lógica sería: «¿Cuál es su origen?» La mayoría de los investigadores con publicaciones sobre este tema parecen creer que las diferencias y desigualdades entre la mente de los hombres y mujeres significan divergencias y diversidad en la evolución. Sin embargo, nosotros estamos convencidos de que el cerebro de él y el de ella no solo son creados por Dios para ser maravillosamente diferentes, sino que, de hecho, son creados distintos de manera intencional. La fundamentación de nuestra creencia se encuentra en el libro del Génesis, donde Moisés escribe lo siguiente:

> Y Dios dijo: «Hagamos al ser humano a nuestra imagen y semejanza. Que tenga dominio sobre los peces del mar, y sobre las aves del cielo; sobre los animales domésticos, sobre los animales salvajes, y sobre todos los reptiles que se arrastran por el suelo». Y Dios creó al ser humano a su imagen; lo creó a imagen de Dios. Hombre y mujer los creó, y los bendijo con estas palabras: «Sean fructíferos y multiplíquense; llenen la tierra y sométanla; dominen a los peces del mar y a las aves del cielo, y a todos los reptiles que se arrastran por el suelo».[29]

Queda claro que según este pasaje los hombres y las mujeres fueron creados de la misma manera a imagen de Dios: «Hombre y mujer *los* creó. Dios *los* bendijo» (énfasis nuestro).[30] El punto de vista bíblico no es que los hombres son de Marte y las mujeres de Venus. En cambio, hombres y mujeres fueron creados en la tierra con amor a imagen de Dios. Y por lo tanto, llevamos en lo profundo de nuestro ser el sello de nuestro Creador.

Asimismo, en la Biblia la palabra «igual» no es sinónimo de «lo mismo». Los hombres y mujeres fueron creados iguales, pero no de la misma manera o para ser lo mismo. Fuimos creados diferentes y de manera diferente. En otras palabras, los hombres y las mujeres son creados de manera diferente y para ser diferentes.†

Diferentes desde el primer día

Las diferencias genéticas y hormonales creadas en el cerebro de él y de ella ocurren mucho antes del nacimiento y de cualquier posibilidad de socialización. Las distinciones que resultan se pueden visualizar en el útero, a lo largo de la infancia y la niñez, y también en nuestros años de adultez.

Por ejemplo, en el caso de las guarderías para recién nacidos hasta un año de edad, las niñas hacen más contacto visual con los adultos que los niños de la misma edad.[31] Las diferencias se vuelven más evidentes a medida que los niños crecen y se desarrollan. En jardín de infantes, cuando un juguete nuevo es colocado en el patio, los niños siempre dejan de lado lo que están haciendo para ir a mirarlo. Sin embargo, cuando llegan nuevos niños o niñas al espacio de juego, es más probable que las niñas se relacionen con mayor rapidez que los niños.[32] Además, si se comparan con los varones, las niñas aprenden a hablar antes, conocen más palabras, las recuerdan mejor, hacen menos pausas y dicen mejor los trabalenguas.[33]

La Dra. Harriet Wehner Hanlon y sus colegas de la Universidad Virginia Tech estudiaron la actividad cerebral en más de quinientos niños de ambos sexos desde dos meses a más de dieciséis años y arribaron a la conclusión

---

† Explicaremos este concepto en detalle en el capítulo 13.

de que las áreas del cerebro relacionadas con el lenguaje, la memoria espacial, coordinación motora y entendimiento con otras personas se desarrollan en distinto orden, tiempo y grado en las niñas, en comparación con los niños.[34]

Estas diferencias se desarrollan de distintas maneras. Sabemos que hablar es esencial para la amistad entre las mujeres de todas las edades. El doctor en medicina y psicólogo, Leonard Sax, comenta: «La marca distintiva de una amistad verdadera entre dos niñas o dos mujeres es que entre ellas se cuentan secretos que no les cuentan a nadie más».[35] Por otro lado, los niños no pasan mucho tiempo hablando entre ellos, ni quieren escuchar los secretos de los otros. Es más probable que construyan modelos, hagan funcionar juguetes o se entretengan con juegos de video.[36]

¿Se igualan con el tiempo estas diferencias entre géneros en el cerebro? Generalmente no. Los hombres y las mujeres mantienen características cerebrales únicas a lo largo de sus vidas. Existen ventajas y desventajas en estas diferencias. Por ejemplo, las mujeres obtienen fuerza y consuelo de la amistad íntima y la conversación. Cuando las niñas y mujeres están bajo estrés, a menudo se buscan para brindarse apoyo y consuelo.[37] Los hombres no. Cuando los niños y los hombres están afectados por estrés, por lo general quieren hacer algo físico o estar solos.[38]

Los investigadores comenzaron a reconocer que estas distinciones no son malas, sino buenas. El Dr. Ruben C. Gur dice: «La mayoría de estas diferencias son complementarias. Aumentan la posibilidad de que los hombres y las mujeres se junten.[39] Ayudan a toda la especie».[39] Para nosotros, estos signos distintivos también indican la manera en que Dios nos diseñó y creó.

Walt y yo notamos muchas diferencias innatas entre los niños y niñas a medida que nuestros hijos, Kate y Scott, crecían. Vestíamos a Kate con lo mejor que tenía para el domingo y ella estaba perfecta cuando llegábamos a la iglesia. Scott, al que habíamos vestido para la misma actividad, pocas veces podía llegar al auto sin encontrar un charco para pisotear o un palo que necesitaba para una aventura.

La habitación de Scott siempre tenía mal olor y estaba desordenada. La habitación de Kate a veces estaba desorganizada pero siempre tenía buen aroma.

Kate jugaba con sus muñecas en la casita e inventaba historias bien elaboradas. Scott tomaba las muñecas de Kate y las hacía pelear entre ellas. Luego, les arrancaba las cabezas, brazos y piernas.

A temprana edad Kate comenzó a pensar en su futuro compañero. A la misma edad, Scott pensaba que las niñas tenían gérmenes femeninos y nunca deberían ser tocadas.

A una edad incluso más temprana, Kate podía formar oraciones completas. A la misma edad, Scott solo podía imitar los sonidos de ametralladoras y bombas explotando.

Era evidente para Barb y para mí que estas diferencias entre Kate y Scott no eran el resultado de la cultura, entorno o socialización; no significaban una consecuencia de la enseñanza que le habíamos impartido o de lo que habían visto como modelo en nuestra casa. Nuestros padres vieron las mismas características en nosotros y aún hoy entre ambos las seguimos observando.

Yo actualmente los domingos me visto con lo mejor para ir a la iglesia y todavía estoy limpia y sin arrugas cuando regresamos. Pero, por alguna razón, Walt pocas veces llega al garaje sin tener que juguetear con algo y siempre encuentra grasa o suciedad.

Bueno, lo admito, mi espacio del ropero está ligeramente desordenado y tiene un leve aroma a medias húmedas, mientras que el lado que corresponde a Barb está ordenado y siempre huele bien. Y si Barb eructa por accidente, se siente avergonzada y siempre dice: «Perdón».

Yo casi nunca me doy cuenta cuando se escapa aire o gas, aunque Barb lo nota en cualquier lugar de la habitación.

Yo todavía hago más contacto visual que Walt con mis amigos y amigas. A mí me encanta hablar con mis amigas. A Walt le agrada tener conversaciones mas cortas, fuertes y bulliciosas con sus amigos. A mí me gustan las personas, pero a Walt le gustan los proyectos.

¡Claro que somos diferentes! Y Barb y yo hemos llegado no solo a notar sino también a apreciar las diferencias que existen entre su mente y la mía. Lo vemos como parte del designio divino, diferencias que son creadas y diseñadas antes que respiremos por primera vez.

A medida que compartimos con nuestros amigos Chris y Sherri todo lo que aprendimos, ellos también han llegado a apreciar la diferencia que existe en la mente de ambos. Ahora, en vez de decir: «Tengo que entender qué hacer con estas diferencias entre la mente de ella y la mía», Chris sonríe y dice: «*¡Vivamos la diferencia!*». Comprenderlas les está dando por resultado el fortalecimiento de su matrimonio de ocho años. Pensamos que también ayudará a su matrimonio.

Referencias

1. Adaptado de Lynne Truss, *Eats, Shoots and Leaves: The Zero Tolerance Approach to Punctuation,,* Gotham Books, New York, 2004, p. 9.
2. Encuesta en línea en Estados Unidos de América, realizada en diciembre del 2005.
3. Barbara y Allan Pease, *Why Men Don't Listen and Women Can't Read Maps: How We're Different and What to Do about It,* Broadway Books, New York, 2000, p. 5-6.
4. Anne Moir y David Jessel, El *Sexo en el Cerebro: La Diferencia Entre Hombres y Mujeres,* Dell, New York, 1992, p. 5.
5. Simon Baron-Cohen, *The Essential Difference: The Truth About the Male and Female Brain,* Basic Books, New York, 2003, p.1.
6. Citado en Joe Garofoli, «Mentalidad femenina: el neuropsiquiatra de San Francisco dice que las diferencias entre el cerebro de los hombres y el de las mujeres son muy reales, y mientras antes lo comprendamos, mejor», enviado el 6 de agosto del 2006: A –1, *San Francisco Chronicle: http://sfgate.com/cgi-bin/ article.cgi?file=/c/a/2006/08/06/ MNG3HKAMV01.DTL,* 12 de abril del 2007.
7. Moir y Jessel, *El sexo en el cerebro, p. 20.*
8. Salmo 139:13-16.
9. Citado en Steven E. Rhoads, *Taking Sex Differences Seriously,* Encounter Books, San Francisco, 2004, p.23.
10. Citado en Ronald Kotulak, «Género y cerebro: Nuevas evidencias demuestran como las hormonas hacen que la mente de los hombres y las mujeres vean el mundo de maneras diferentes», *Chicago Tribune,* 30 de abril del 2006. Ver en línea en *http://www.rci.rutgers.edu/-shors/ pdflgender_brain_Apr 30_2006.pdf,,* 1 de agosto del 2007.
11. R. A. Gorski, «Diferenciación sexual en el cerebro», *Hospital Practice* 13, no.10 , octubre de 1978, p. 55 -62.
12. S. Hofer and J. Frahm, «Topografía de revisión del cuerpo calloso de los humanos, tractografía exhaustiva de las fibras utilizando imagen de tensor de difusión mediante resonancia magnética», *Journal of Neuroimaging* 32, no. 3, septiembre del 2006, p. 989-94.
13. R. Achiron and A. Achiron, «Desarrollo del cuerpo calloso en fetos humanos: estudio sonográfico de corte transversal y alta resolución», *Ultrasound in Obstetrics and Gynecology* 18, no. 4, octubre del 2001, p. 343-47.
14. S. J. Hwang et al., «Diferencias genéricas en el cuerpo calloso de neonatos», *NeuroReport* 15, no. 6, 29 de abril del 2004, p. 1029-32. Ver también R. Achiron, S. Lipitz, y A. Achiron, «Diferencias relativas al sexo en el desarrollo del cuerpo calloso fetal humano: Estudio ultrasonográfico en el útero», *Prenatal Diagnosis* 21, no. 2, febrero del 2001, p. 116-20.
15. M. C. Tuncer, E. S. Hatipoglu, y M. Ozates, «Dimorfismo sexual y lateralidad manual en el cuerpo calloso de los seres humanos basados en imagen por resonancia magnética», *Surgical and Radiologic Anatomy*

27, no. 3, agosto del 2005,p. 254-59. Ver también A. Dubb et al., «Caracterización del dimorfismo sexual en el cuerpo calloso de los seres humanos», *Neurolmage 20, no.l,* septiembre del 2003, p. 512-19.

16. «Diferencias entre los sexos descubiertas en proporción a la materia gris y blanca en el cerebro: vinculado a las diferencias en rendimiento cognitivo observado», enviado el 18 de mayo de 1999, *Science Daily: www.sciencedaily.coml releasesI1999I105I990518072823.htm,,* 12 de abril del 2007.

17. Elizabeth Heubeck, «En qué difieren la mente del hombre y la de la mujer: Investigadores revelan diferencias sexuales en la forma y la función del cerebro», enviado el 11 de abril del 2005, *WehMD Feature: www.medicinenet.comlscriptlmainlart.asp?articlekey=50512,* 12 de abril del 2007.

18. «Diferencias entre los sexos descubiertas en proporción a la materia gris y blanca».

19. P. Dewing et al., «Expresión genética sexualmente dimórfica en el cerebro de ratones precede a la diferenciación gonadal», *Molecular Brain Research 118,* Nno.1-2, 21 de octubre del 2003, p. 82-90.

20. «La mente puede crear la sexualidad antes del nacimiento», enviado el 22 de octubre del 2003, *Science Daily: www.sciencedaily.com/releases/2003/1O/031022062408.htm,,* 12 de abril del 2007.

21. G. J. DeVries et al., «Un sistema modelo para estudiar los efectos de los cromosomas sexuales en las características de comportamiento neurales y sexualmente dimórficas», *Journal of Neuroscience* 22, no. 20, 15 de octubre del 2002, 9005 -14.

22. Hara Estroff Marano, «La nueva tarjeta de puntuación de los sexos: Las mentes de los hombres y de las mujeres sí funcionan diferente-pero no en todo», enviado julio/agosto del 2003, *Psychology Today: www.psychologytoday.comlarticles/pto-20030624-000003.html,* 12 de abril del 2007.

23. DeVries, «Un sistema modelo para estudiar los efectos del cromosoma sexual».

24. Columnista del «*New York Times* .... Maureen Dowd, «El límite X sobre los hombres»», *New York Times,* 20 de marzo del 2005, sección 4, página 13.

25. Citado en Ibid.

26. Moir y Jessel, *El sexo en el cerebro,p. 11.*

27. Laura Carrel y Huntington F. Willard, «Esbozo de inactivación de X revela mucha variabilidad en la expresión de los genes relacionados a X en las mujeres», *Nature* 434, no. 7031, 17 de marzo del 2005, p. 279-80.

28. Ver Dowd, «El límite X sobre los hombres».

29. Génesis 1:26-28.

30. Génesis 1:27-28.

31. Svetlana Lutchmaya, Simon Baron-Cohen y Peter Raggatt, «Testosterona fetal y contacto visual en bebés de 12 meses», *Infant Behavior and*

Development 25, 2002, p. 327 -35.

32. Christina Hoff Sommers, *Who Stole Feminism,?,* New York: Simon & Schuster, 1994, p.73-74.

33. Marano, «La nueva tarjeta de puntuación de los sexos».

34. H. Hanlon, R. Thatcher y M. Cline, «Diferencias entre los géneros en el desarrollo de la coherencia EEG en niños normales», *Developmental Neuropsychology* 16, no. 3, 1999, p. 479-506.

35. Leonard Sax, *Why Gender Matters: What Parents and Teachers Need to Know about the Emerging Science of Sex Differences,* Doubleday, New York, 2005, p.83.

36. K. Dindia y M. Allen, «Diferencias entre los sexos en la auto revelación: un meta análisis», *Psychological Bulletin* 112, 1992, p. 106-24.

37. Citado en Sax, *Why Gender Matters, p. 83.*

38. Ibid.

39. Citado en Heubeck, «En qué difieren la mente del hombre y la de la mujer».

2

Capítulo

DIFERENTES COMO EL DÍA Y LA NOCHE

CADA VEZ QUE EXISTÍA UNA POSIBILIDAD DE AYUDAR EN LA cirugía de cerebro de uno de mis pacientes, allí estaba yo. Me fascinaba el cerebro por lo intrincado y complicado de su conformación. Sin embargo, cuando se observa el cráneo por dentro, no se puede distinguir si se trata de un cerebro masculino o femenino, por lo menos no con solo mirar. No obstante, las diferencias son grandes y se basan en gran medida en los circuitos y sustancias químicas que nuestro Creador entretejió mientras aún permanecíamos en el útero.

Durante mi formación en la escuela de medicina antes de la TM, IRM y el rastreo TEP*, me intrigaba el tema de la neurociencia. Yo nunca pensé que conocer el cerebro fuese un instrumento indispensable en las relaciones y el matrimonio. Eso *no* estaba en mi pantalla de radar y ni siquiera era algo que se me había ocurrido.

Sin embargo, los impresionantes avances en el estudio del cerebro y las técnicas de imagen en los últimos treinta años hicieron que la neurociencia sea aun más fascinante que antes. A través del uso de imágenes funcionales especializadas del cerebro (es decir, TCf, IRMf y rastreo

---

* Los tres son métodos de diagnóstico por imagen no invasivos que pueden utilizarse para examinar el cerebro a través del cráneo sin causar dolor y producir imágenes en dos o tres dimensiones. TC = Tomografía

TEPf)† que registran el mayor flujo de sangre que acompaña a determinada actividad neural, los científicos pueden trazar un mapa de la actividad mental. Por ende, los científicos recién comienzan a entender las diferencias entre el cerebro masculino y el femenino. Y para ayudarlo a comprender lo básico de esta nueva ciencia y reconocer el impacto de estas diferencias en las relaciones y el matrimonio, es necesario que le proporcione una introducción a las estructuras cerebrales y sustancias químicas.

Por el momento, dejaré que Walt comparta algunos de sus conocimientos científicos con usted, y prometo ayudarle a él a que no lo complique. No haré chistes humillantes como «¡El hombre tiene dos cerebros, uno se le perdió, el otro lo está buscando y ni siquiera pide ayuda para encontrarlo!» Simplemente no recurriré a ese humor inmaduro. Sin embargo, creo que el dibujo de neuroanatomía en el gráfico 1 es bastante preciso, ¿usted estima que no?

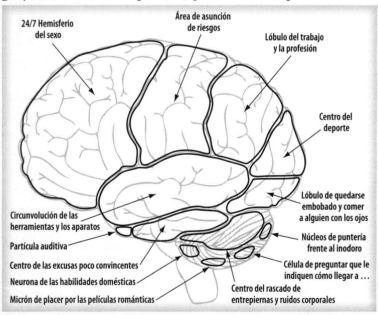

Gráfico 1 – El cerebro de él

---

† TCf = TC funcional; IRMf = IRM funcional; y TEPf = TEP funcional

Bien, como la rotación es parte del juego limpio, permítame mostrarle el gráfico 2, que es mi explicación del cerebro femenino.

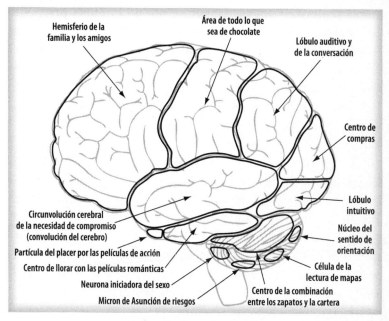

Gráfico 2 – El cerebro de ella

Nuestra nuera Jennifer, quien está haciendo un doctorado en neurobiología, nos ayudó a desarrollar estas explicaciones para usted. Esperamos que le gusten. Ahora, si le resultan demasiado científicas y no las comprende, es posible que quiera leer por encima el resto del capítulo y ver los cuadros de las páginas 56, 58 y 64 que resumen la información que Walt y yo daremos.

A la persona más curiosa, le presento una creación maravillosa: el cerebro humano. El mismo procesa el habla, imágenes visuales complejas y un amplio espectro de sonido. Controla la temperatura del cuerpo, presión sanguínea, frecuencia cardíaca y respiración. Por medio de los diferentes sentidos, recibe gran cantidad de información sobre el mundo que lo rodea a usted. Controla el movimiento físico cuando usted camina, habla, se para, mastica, traga o simplemente se sienta. Le permite pensar, soñar, razonar y experimentar emociones.

El cerebro promedio, que pesa aproximadamente solo 1.360 gramos, o sea el dos por ciento de la masa promedio del cuerpo, utiliza el veinte por ciento del oxígeno que usted respira y el veinticinco por ciento de las calorías que ingiere. Además, aproximadamente el veinte por ciento de la sangre que circula desde el corazón se bombea al cerebro.[1] Tiene 100.000 millones de neuronas, lo cual es increíble si considera que se dice que toda la Vía Láctea contiene aproximadamente 100.000 millones de planetas y estrellas.

El cerebro necesita un flujo constante de sangre, oxígeno y calorías para mantener las grandes demandas metabólicas[2] de sus 100.000 millones de sinapsis o conexiones[3] que se llevan a cabo a la velocidad de un rayo. De hecho, se estima que el cerebro controla diez cuatrillones de instrucciones por segundo, lo que es diez veces la velocidad teórica máxima de la mejor supercomputadora la cual realiza hasta un cuatrillón de operaciones por segundo.[4]

¡El cerebro sí que es asombroso!

Anatomía del cerebro para tontos

En su estructura el cerebro tiene tres secciones principales: dos de ellas, la corteza cerebral y el tronco encefálico, pueden verse desde el exterior del cerebro (ver grafico 3), y la tercera que es el sistema límbico, está metido en este mismo (ver grafico 4).

El tronco **encefálico**, incluyendo el cerebelo, está ubicado en la unión del cráneo y el cuello. Es el área que regula funciones tales como la respiración, función cardiovascular y digestión. Incluso cuando se destruyen las área superiores del cerebro (como puede ocurrir con un accidente cerebrovascular o una lesión cefálica), normalmente el tronco encefálico seguirá ejerciendo sus funciones. Pareciera que esta área del cerebro es bastante similar en los hombres y mujeres. Pero a medida que avanzamos en el conocimiento del mismo, detectamos que las diferencias se vuelven impresionantes.

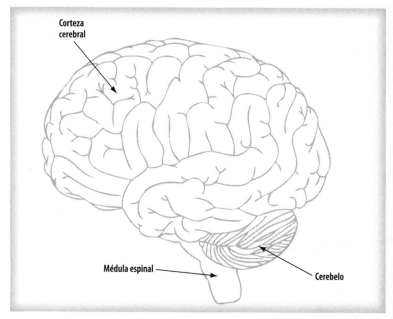

Corteza cerebral

Médula espinal

Cerebelo

Gráfico 3 - Secciones del cerebro

El **sistema límbico**, que está dentro del cerebro y rodea al tronco encefálico, está diseñado para ayudarnos a responder a los estímulos sensoriales del mundo exterior. Ya sea que estemos despiertos o dormidos, a cada segundo el sistema límbico procesa los millones de estímulos sensoriales provenientes de las terminaciones nerviosas de la piel, ojos, nariz, orejas y papilas gustativas (tacto, vista, olfato, oído, gusto).

Cuando por primera vez se asocia un estímulo a una emoción, esta «memoria emotiva» se graba en el sistema límbico. Si un estímulo repetido despierta la memoria emotiva, el sistema límbico lo pasa a la parte superior e inferior del cerebro. El psicólogo Turhan Canli, PhD, ha demostrado que las mujeres codifican los recuerdos al utilizar caminos mucho más complejos y diferentes a los que usan los hombres. Por consiguiente, las mujeres están mas capacitadas para recordar algo (en comparación con los hombres),como así también las emociones y sensaciones que tuvieron lugar cuando se grabó el recuerdo.[5]

Al menos cuatro porciones importantes del sistema límbico son diferentes en el hombre y la mujer – el hipotálamo, la amígdala, el hipocampo y la circunvolución cingular. El gráfico 4 muestra el sistema límbico.

El **hipotálamo** es el centro del instinto sexual en el cerebro. Como podrá imaginarse, esta glándula del tamaño de una canica es distinta en el cerebro de él al de ella. Es muy sensible a la testosterona y mucho más grande en los hombres que en las mujeres. El tamaño y sensibilidad de esta glándula es en parte el motivo por el cual la mayoría de los hombres tienen mayor apetito sexual que las mujeres.

El **hipocampo** y la **amígdala** reciben, procesan y almacenan la memoria emotiva. La amígdala percibe recuerdos agradables o aterradores. Le comunica al hipocampo cuales recuerdos deben unirse y luego hilarse como perlas en un collar. Por ejemplo, no dejará que usted olvide lo que hacía el 11 de setiembre del 2001.

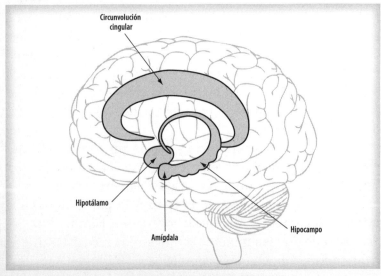

Gráfico 4 – El sistema límbico

Las dos áreas del sistema límbico son más grandes y activas en las mujeres que en los hombres, y por ende más relacionadas en las mujeres que en los hombres en lo que respecta a los centros del cerebro que controlan el habla y las emociones. Por eso, las mujeres relacionan palabras y sentimientos con los recuerdos con mayor eficacia que los hombres. Por ende, es poco probable que los hombres rememoren sus experiencias emocionales. En ellos estas áreas del sistema límbico están más conectadas con la médula espinal que con la corteza. Es así que, al responder a un estímulo emocional, es menos probable que los hombres expresen sus sentimientos verbalmente y más factible que lo hagan físicamente.

La **circunvolución cingular** se define como el «principal centro de las emociones del sistema límbico».[6] Aunque las emociones, intimidad y vínculos afectivos tienen conexiones químicas y neurales, además de conducción al cerero y a través de él; la circunvolución cingular es la que controla este proceso. La misma no solo es más grande y activa en las mujeres, sino que también tiene más conexiones neurales con la corteza cerebral que en el caso del hombre (particularmente con las áreas de procesamiento del habla y las emociones en ambos lados de la corteza). Esto contribuye a explicar la tendencia natural de las mujeres a «ayudar y entablar amistad», criar y expresar lo que sienten.

La **corteza cerebral** es la sección superior del cerebro (tanto funcional como anatómica). Ella se encarga de que podamos oler, ver, escuchar, pensar, recordar y razonar. También nos ayuda a tomar decisiones morales, pensar de manera abstracta, diseñar, idealizar, encontrar motivaciones y muchas otras funciones humanas importantes.

Estas intrincadas conexiones entre el cuerpo, el sistema límbico, y la corteza cerebral, y asimismo las diferencias entre cómo el cerebro de él y el de ella realizan estas conexiones, es lo que repercute en nuestras relaciones y matrimonios.

La corteza cerebral se divide en un lado izquierdo y un lado derecho, y cada uno se denomina hemisferio. Cada hemisferio tiene funciones diferentes tal como se resume en el cuadro 1.

Cuadro 1 – La función de cada hemisferio

Hemisferio izquierdo	Hemisferio derecho
Controla físicamente el lado derecho del cuerpo	Controla el lado izquierdo
El lado «racional» del cerebro	El lado creativo y artístico del cerebro
Mentalmente se encarga de la lógica, la razón y el habla	Mentalmente se encarga de las ideas y la imaginación
Realiza análisis específicos. Es el lado «práctico» y del «sentido común» de la mente.	Realiza pensamiento holístico
Evalúa detalles	Evalúa el cuadro en general
Procesa pensamiento lineal y tareas específicas	Procesa pensamiento espacial y multiprocesamiento
Recuerda, por ejemplo, la letra de una canción	Recuerda, por ejemplo, la melodía de una canción

Asimismo, cada hemisferio del cerebro está a su vez dividido en cuatro lóbulos, a saber: lóbulo frontal, lóbulo parietal, lóbulo temporal y lóbulo occipital. Ver gráfico 5.

El **lóbulo frontal** se relaciona principalmente con el razonamiento, planes, partes del habla, movimiento (corteza motora), emociones y solución de problemas.

El **lóbulo parietal** se vincula con la percepción de estímulos relativos al tacto, temperatura y dolor.

El **lóbulo temporal** se relaciona con la percepción, reconocimiento del estímulo auditivo (audición) y memoria.

El **lóbulo occipital** esta situado en la parte posterior del cerebro y se asocia con varios aspectos de la visión.

Además, la corteza cerebral contiene dos tipos de materia o sustancia. La **materia gris** es aquella donde se lleva acabo gran parte del poder de procesamiento y función del cerebro. La **materia blanca** comprende las fibras largas (axones) que transmiten señales eléctricas en todo el cerebro, y hacia el cuerpo mismo.

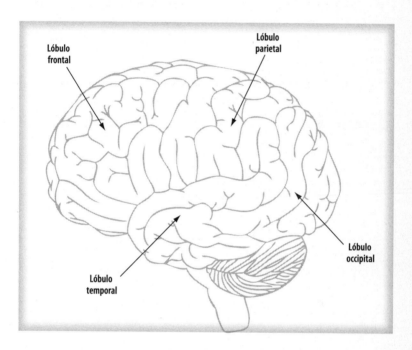

Gráfico 5 – Lóbulos corticales

El cerebro masculino tiene más materia blanca que el femenino, la cual conecta el centro del pensamiento y el centro de reacción del cerebro a la médula espinal. Por ende, los hombres están creados para reaccionar físicamente por encima del pensamiento. El cerebro femenino tiene mayor cantidad de materia blanca que conecta a los dos hemisferios y por eso está mejor creado para realizar tareas múltiples.

En capítulos posteriores hablaremos de las miles de formas en que estas diferencias estructurales influyen en nuestros matrimonios. Pero primero usemos el cuadro 2 para resumir algunas de las diferencias importantes entre el cerebro de él y el de ella.

> $\mathcal{E}$l cerebro masculino y el femenino *difieren* en su composición arquitectónica y química. Cuanto antes las mujeres, y aquellos que las aman, comprendan y acepten cómo esas diferencias neurológicas *determinan* el comportamiento femenino, mejor nos llevaremos.[7]
>
> **Louann Brizendine, doctora en medicina**

Cuadro 2 – Diferencias estructurales en el cerebro de él y el cerebro de ella

Estructura cerebral	El cerebro de él	El cerebro de ella
Cuerpo calloso	Más pequeño	Más grande
Amígdala, hipocampo y memoria emotiva	Más pequeños y menos conectados a la corteza cerebral pero mejor unidos a la médula espinal y al cuerpo	Más grandes y muy conectados a la corteza cerebral —especialmente a los centros del lenguaje de la misma
Centros del lenguaje	Pocos y mal conectados	Muchos y muy conectados
Circunvolución cingular y control de las emociones	Menos conectados a la corteza cerebral y mas unidos a la médula espinal	Muy conectados a la corteza cerebral pero menos unidos a la médula espinal
Hipocampo y centro de las emociones en el cerebro	Más pequeños y menos conectados	Más grandes y muy conectados

Química del cerebro para tontos

Las estructuras del cerebro de él y de ella no solo son diferentes, sino que las sustancias químicas que lo componen también lo son. En este sentido, las mismas llevan señales de una parte del cerebro (o de una neurona) a otra o del cuerpo al cerebro y viceversa. Más se setenta sustancias químicas distintas tienen un efecto importante en el cerebro, lo cual repercute en nuestras emociones y respuestas.

Dos de las sustancias químicas más relevantes que afectan el cerebro son hormonas‡ y neurohormonas§ que pueden influenciar el cerebro (y sistema nervioso) de él y de ella de muchísimas maneras diferentes.

TESTOSTERONA

La principal hormona sexual masculina, la testosterona, afecta el comportamiento y humor de los hombres. Ahora, como regulador del humor, la testosterona es ínfima si se la compara con las principales hormonas femeninas: el estrógeno y la progesterona. Sin embargo, la testosterona es la hormona que más se relaciona con la agresividad, competitividad y reafirmación personal masculina. Por ejemplo, si se la proporciona a un hombre pasivo se volverá agresivo y seguro de sí mismo. Además, toda competencia aumenta los niveles de testosterona, y como consecuencia también crece la agresión. En el caso de los atletas, los niveles de testosterona de hecho alcanzan el punto máximo al final de una competencia y no en el inicio.[8]

Si se le da testosterona a una mujer, su agresividad aumentará pero no en la medida como se refleja en el caso del hombre porque el cerebro de él está creado para ser más sensible a esta hormona. Los niveles de testosterona en las mujeres (y el apetito sexual) aumentan en el momento de la ovulación. Este incremento dura aproximadamente cuarenta horas. Por el contrario, los niveles de testosterona en los hombres son elevados en todo momento.

La testosterona también ayuda a que un hombre se concentre en un proyecto, una competencia, una misión o una empresa. Es decir, evita que se distraiga. Investiga-

---

‡ Una hormona es una sustancia química (normalmente un péptido o esteroide) producido por un tejido y transportado por el torrente sanguíneo para afectar la actividad fisiológica (tal como el crecimiento y el metabolismo) en otro tejido.

§ Una neurohormona es una hormona secretada, o que actúa, en una parte del sistema nervioso.

dores de la Universidad Estatal de Georgia descubrieron que los hombres de «alto rendimiento» que fueron analizados en cada área (líderes de negocios, políticos, deportistas, y profesionales de distintas áreas) tenían altos niveles de testosterona.[9]

> *L*a testosterona *hace* que el cerebro sea mas resuelto y menos propenso al *cansancio*. [10]
>
> **Dra. Anne Moir**

Además, la testosterona maneja el deseo de independencia de los hombres. Theresa Crenshaw, doctora en medicina, y experta en farmacología sexual, escribe: «el 'perfil solitario' de la testosterona es crucial para entender cómo son los hombres... Ella los motiva a esforzarse por alcanzar una independencia de maneras que a la mujer no se le ocurriría ... Hace que quieran tener sexo, y también les provoca querer estar solos».[11]

Cuando una esposa dice: «¡Mi marido es tenaz!» o «¡Mi marido es tan independiente!» o «¡Mi marido no se rinde ni abandona!», simplemente visualiza la testosterona de él en acción. La misma estimula el deseo de lograr algo y tener éxito, también el de dar y proteger. Provoca el placer masculino de conquistar y, a veces, de estar solo. Asimismo, puede motivar una actitud defensiva y de enojo si ella no entiende esto y no sabe cómo acercarse a él.

Oxitocina

Esta hormona a menudo es conocida como la hormona «del abrazo» o los «vínculos afectivos» porque se libera cuando las parejas se abrazan y se acarician. Ella aumenta la sensibilidad al tacto y a los sentimientos de afecto, especialmente en las mujeres. Cuanto más altos son los niveles de oxitocina, menos agresiva y más empática es la persona.

Como podrá imaginarse, las mujeres tienden a tener niveles de oxitocina más altos que los hombres.

La oxitocina estimula en la mujer lo que los biólogos llaman el «comportamiento de cuidado y ayuda» (a diferencia de las respuestas de «lucha o huida» del cerebro masculino producidas por la testosterona). Cuando una mujer se siente muy unida a alguien o algo, este sentimiento aumenta, en gran medida, debido a la oxitocina. Ella incrementa la receptividad sexual de las mujeres y es en parte responsable de que las mismas sean capaces de sentir satisfacción durante y después de hacer el amor, incluso si no llegan al orgasmo.[12] La oxitocina también eleva el sentimiento maternal y cariño de la mujer hacia su hijo y provoca el reflejo de la salida de leche al amamantar. Cuando una madre mira a su hijo a los ojos, los niveles de oxitocina en ella se elevan mucho más que en el hombre. Esta ráfaga de oxitocina es muy placentera para las mujeres y su aumento «es mas que bueno» para ellas, ya que las hace sentir realizadas en «su esencia, su identidad».[13]

Existe, sin embargo, un instante en el que el nivel de oxitocina en el hombre se iguala al de la mujer y es durante e inmediatamente después del orgasmo en la relación sexual. Es el momento de *él* para los afectos y para sentir esa «bondad de la oxitocina». El fenómeno afectivo que provoca aumenta a medida que un hombre permanece más tiempo con el ser que ama. Entonces, en los hombres la monogamia puede fortalecer el vínculo amoroso con la esposa y su fidelidad a ella.

VASOPRESINA

Esta sustancia química con origen en el hipotálamo regula, junto con la testosterona, la «persistencia sexual, agresión, órdenes jerárquicos y demarcación de territorio».[14] La vasopresina puede también fomentar conducta paternal en los hombres.[15] Una razón por la que los hombres tienen niveles de vasopresina más altos que las mujeres es que el cromosoma Y (presente en los hombres y no en las mujeres) aumenta la densidad de las fibras productoras de vasopresina. Durante la estimulación erótica, los hombres secretan vasopresina pero no las mujeres (y los hombres pueden estar agradecidos por esto porque niveles más altos de vasopresina en ellas de hecho disminuyen el deseo sexual).

*L*a vasopresina es otra de las razones por la cual el *cuidado* de los bebés no está ni estará nunca dominado por los hombres. Ni las clases de primer grado tendrán más profesores hombres que mujeres. En este tipo de clases son necesarios porcentajes más altos de oxitocina, no de vasopresina. A nivel de educación secundaria es *probable* que haya más profesores *hombres* porque los adolescentes ya disfrutan de la independencia y, por lo tanto, es *posible* que necesiten de la clase de retos de agresividad que los hombres les presentan.[16]

Michael Gurian

SEROTONINA

La serotonina sirve para tranquilizarnos. Los hombres tienen mucha menos serotonina que las mujeres. Esta es una de las razones por la que tienden a actuar de manera impulsiva y a reaccionar físicamente en grado superior que las mujeres. La combinación de niveles más bajos de serotonina y oxitocina y porcentajes más altos de testosterona y vasopresina predispone biológicamente a los hombres a actuar primero y hablar después.

El cerebro y estado de ánimo de las mujeres están creados para calmarse mediante los altos niveles de oxitocina. La serotonina, cuando se la combina con altos niveles de oxitocina, hace que las mujeres se vuelvan más predispuestas y capaces que los hombres de sentarse a conversar con tranquilidad o cuidar a su hijo.

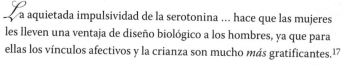

*L*a aquietada impulsividad de la serotonina ... hace que las mujeres les lleven una ventaja de diseño biológico a los hombres, ya que para ellas los vínculos afectivos y la crianza son mucho *más* gratificantes.[17]

Michael Gurian

ESTRÓGENO

Cuando el estrógeno baña el cerebro de las mujeres, ellas sienten una sensación de bienestar y satisfacción total. Tiene un efecto relajante y ayuda a la memoria. Los niveles de estrógeno aumentan durante la primera mitad del ciclo menstrual, lo que permite que la mente de las mujeres este más atenta y sensible a los estímulos. Por ejemplo, hace que el cerebro de ella sienta más autoestima, entusiasmo, placer y excitación sexual. Como observa la Dra. Anne Moir, también permite que las mujeres sean «superiores en tareas que requieren movimientos rápidos, hábiles y precisos, y en cualquier actividad que necesite de fluidez y articulación verbal».[18]

Los cambios hormonales en las mujeres durante su ciclo menstrual, la perimenopausia, o la menopausia prematura afectan de manera directa su función cerebral, particularmente durante las experiencias emocionales. Estas hormonas no solo alcanzan el sistema límbico, sino también las hormonas y el funcionamiento de su cerebro. Las mujeres menopáusicas que tienen niveles más bajos de estrógeno, y aún mantienen algo de testosterona en su sistema, se vuelven por supuesto más agresivas.

PROGESTERONA

Esta hormona hace que las mujeres tengan sentimientos maternales que le dan sensación de bienestar y satisfacción total. Al igual que el estrógeno, posee un efecto relajante y ayuda a la memoria. La progesterona de por sí es un relajante. Por eso cuando los niveles descienden bruscamente, como pasa antes del período menstrual (o después del parto), es posible que las mujeres se sientan más inquietas y tengan dificultad para dormir.[19]

Por el contrario, niveles altos de progesterona pueden hacer que el cerebro se vuelva perezoso y tenga por consecuencia la disminución de la libido y un aumento en la depresión. Esto es típico en la segunda mitad del ciclo menstrual, cuando los niveles de progesterona son más elevados.

Las hormonas controlan muchos aspectos de la salud física y mental de las mujeres. Ellas pueden tener varios estados de ánimo, sentimientos, síntomas y necesidades distintas en diferentes momentos ¡y no simplemente porque quieran ser complicadas! Sus hormonas están literalmente alterando el funcionamiento del cerebro femenino. Cuando existe un desequilibrio hormonal, puede provocar cualquier cosa, desde acné e insomnio hasta pérdida de la memoria y aumento de peso. De por sí ya es suficiente para arruinarle el día a cualquier pareja, además de ejercer mayor presión en el matrimonio.

¿Qué significa todo esto?

El cuadro 3 resume los diferentes niveles de sustancias químicas entre el cerebro de él y el de ella. Las mismas afectan de manera drástica el funcionamiento de la mente de ambos.

Cuadro 3 – Diferentes niveles de sustancia químicas
entre el cerebro de él y el de ella

Sustancias químicas	Hombre	mujer
Oxitocina Serotonina Estrógeno Progesterona	Bajo	Alto
Testosterona Vasopresina	Alto	Bajo

La estructura básica y funcionalidad del cerebro masculino se establecen en el útero cuando dicho cerebro es bañado en testosterona. Luego la testosterona y la vasopresina mejoradas por el cromosoma Y único, se combinan para regular los impulsos en los hombres. Esta combinación entre la estructura cerebral y las sustancias químicas tiene por resultado un cerebro creado para la competencia y la conquista.

En las mujeres, las conexiones en su cerebro combinadas con los elevados niveles de oxitocina y la hormona relacionada con los buenos sentimientos denominada dopamina, les hacen sentir mucho placer. La conjunción entre la estructura cerebral y las sustancias químicas tiene por resultado un cerebro creado para la conversación y la relación con las personas; traducidos en abrazos, caricias, romance y cariño.

Esperamos que este breve resumen sobre la neuroanatomía y la química del cerebro de él y el de ella le haya proporcionado algunas pistas acerca del drástico impacto que cada uno puede tener en la estabilidad, fortaleza y satisfacción de su matrimonio. La ciencia muestra con claridad que existen dos cerebros distintos.

- Uno está hecho para los planes y los pactos, el otro para la crianza y las relaciones.
- Uno enfatiza la competencia, el otro la comprensión y el cariño.
- Uno está orientado hacia el espacio y los resultados, el otro se centra en la conversación y cooperación.
- A uno le atraen los proyectos, al otro las personas.

Los investigadores encontraron muchas diferencias entre el cerebro de él y el de ella y predecimos que se encontrarán miles más. ¿Cuál es la razón? El cerebro de él y el de ella están creados para ser encantadoramente diferentes y responder de maneras casi opuestas.

Hasta ahora han sido descubiertas las 100 diferencias sexuales menos importantes en la mente de él y la de ella. No obstante, siguen surgiendo en estudios de animales y humanos. [20]

Dra. Nancy G. Forger

Es hora de terminar con la ilusión[¶] de que el cerebro de él y el de ella son lo mismo. No lo son ni lo han sido. El cerebro de él y el de ella son diferentes como el día y la noche; y sin embargo, el día y la noche nos indican que nuestro mundo da vueltas en forma correcta, exactamente como Dios lo creó.

Y este es un punto clave. No es casualidad que Dios haya creado el cerebro de él y el de ella para que sean *muy* diferentes. Si aprendemos a comprender, apreciar y honrar estas diferencias, cosecharemos los muchos frutos que fortalecerán nuestras relaciones.

La idea de que los hombres *son* de *Marte* y las mujeres de Venus ilustra las diferencias entre los sexos *como* demasiado extremas. Ambos *son* diferentes, pero *no lo son* tanto como para *que* no puedan comprenderse el uno al otro. [21]

Dr. Simon Baron-Cohen

Quizás es por eso que el apóstol Pedro les ordena a los esposos «Sean comprensivo en su vida conyugal».[22] Al descubrir las muchas y preciosas diferencias entre el cerebro de él y el de ella, los esposos y esposas pueden apreciarse más y comprenderse mejor. Esto puede llevarlos a que tengan expectativas más realistas el uno del otro. Entonces, la frustración, decepción y enojo desaparecen cuando descubrimos que podemos vivir juntos con alegría en matrimonio.

[¶] Una ilusión es una creencia falsa, fija.

Referencias

1. «Datos sobre el cerebro», *Brain Connection: www.brainconnection.com/ library/?main=explorehome/brain-facts*, 12 de abril del 2007.
2. Ibid.
3. Ver Jeffrey M. Schwartz y Sharon Begley, *The Mind and the Brain*, Harper Collins, New York, 2003, p. 111.
4. «¿Cuál es la computadora más rápida del mundo?», *How Stuff Works: http:// computer.howstuffworks.com/question54.htm*, 12 de abril del 2007.
5. Citado en Amanda Onion, «Científicos descubren diferencias sexuales en el cerebro: Controvertida investigación revela diferencias entre los hombres y las mujeres», enviado el 19 de enero del 2005, *ABC News: http://abcnews. go.com/Technology/Health/story?id=424260*, 12 de abril del 2007.
6. Michael Gurian, *What Could He Be Thinking? How a Man's Mind Really Works*, St. Martin's, New York, 2003, p.82.
7. Citado en Joe Garofoli, «Femme Mentale: neuropsiquiatra de San Francisco dice que las diferencias entre el cerebro de las mujeres y de los hombres son muy reales; y cuanto antes entendamos esto, mejor», enviado 6 de agosto del 2006: A -1, *San Francisco Chronicle: http://sfgate.comlcgi-bin/ article.cgi?file=/c/ a/2006/08/06/MNG3HKAMVOl.DTL*, 12 de abril del 2007.
8. P.H. Mehta y R. A. Josephs, «Los cambios de testosterona luego de perder predicen la decisión de competir nuevamente», *Hormones and Behavior*, 50, no. 5, diciembre del 2006: 684-92. Ver también Anne Moir y David Jessel, *El sexo en el cerebro: la verdadera diferencia entre hombres y mujeres*, Dell, New York, 1992, p.81.
9. J.M. Dabbs Jr., D. de La Rue, y P.M. Williams, «Testosterona y elección profesional: Actores, ministros y otros hombres», *Journal of Personality and Social Psychology* 59, no. 6, diciembre de 1990: 1261-65.
10. Moir y Jessel, *El sexo en el cerebro,p. 95*.
11. Citado en Steven E. Rhoads, «El argumento en contra del matrimonio andrógino», *The American Enterprise: www.taemag.com/issues/ articleid.17048/article_detail.asp*, 12 de abril de 2007).
12. Citado en Marnia Robinson, «Your Brain on Sex», enviado el 25 de junio del *2005. Reuniting: http://www.reuniting.info/science/sex_in_the_brain*, 23 de julio del 2007.
13. Gurian, *What Could He Be Thinking? p.45*.
14. Ibid, p.44
15. Citado en Hara Estroff Marano, «La nueva tarjeta de puntuación de los sexos: La mente de los hombres y de las mujeres sí funciona diferente- pero no en todo», enviado julio/agosto del 2003, *Psychology Today: www. psychologytoday.com/articles/pto-20030624-000003.html*, 12 de abril del 2007.
16. Citado en Ibidem
17. Gurian, *What Could He Be Thinking? p.13*.
18. Moir y Jessel, *El sexo en el cerebro,p. 96*.
19. «¿Siente las hormonas?», *IVillage: http://redbook.ivillage.com/ health/0,,9jr4vlb4-3,00.html*, 12 de abril del 2007.
20. Citado en Onion, «Científicos descubren diferencias en el cerebro»
21. Simon Baron-Cohen, *The Essential Difference: The Truth about the Male and Female Brain*, Basic Books, New York, 2003, p.9,
22. 1 Pedro 3:7

SEGUNDA PARTE

COMPLEMENTOS
Perfectos

LAS DIFERENCIAS

Capítulo

DIFERENCIAS EN LA MANERA EN QUE PERCIBIMOS NUESTRO MUNDO

A BARB Y A MÍ SIEMPRE NOS CAUTIVARON LOS ARCO IRIS QUE vemos desde el porche de nuestra casa. Generalmente están iluminados con nubes oscuras de fondo en el extremo oriental. Los arco iris nos recuerdan el amor eterno que Dios siente por nosotros.[1] Cada vez que vemos uno, nos maravilla el arte glorioso de Dios.[2] También nos recuerdan la manera diferente en que los hombres y las mujeres perciben el mundo.

> *Por ejemplo,* las mujeres pueden visualizar colores y texturas que los hombres no pueden ver. *Escuchan* cosas que los hombres no pueden oír y huelen cosas que los hombres no pueden oler.[3]
>
> **Leonard *Sax*, doctor en medicina**

Cuando miro un arco iris, solo veo siete colores (al igual que lo hacía Isaac Newton: rojo, anaranjado, amarillo, verde, azul, índigo y violeta). Sin embargo, Barb ve ocho o nueve colores en el arco iris. Y cuando buscábamos colores para pintar nuestro dormitorio, Barb tomaba en cuenta una variedad de verdes: esmeralda, jade, verdoso, oliva, lima y treinta y cuatro tonalidades más. Yo puedo mirar los mismos colores y solo ver tonalidades más claras y más oscuras de verde. ¡No puedo encontrar ninguna diferencia entre el verde suave y el verde de las liliáceas, absolutamente ninguna! Pero para las mujeres, que tienen lo que los investigadores llaman «tetracromacia»*, la diferencia entre los colores es deslumbrante. Las mujeres tetracrómatas pueden dividir un arco iris en un promedio de diez colores diferentes.[4]

Diferencias en la vista

Existen razones biológicas para estas diferencias. La retina recibe una entrada de luz y la transfiere, a través del nervio óptico, al cerebro. Las células con forma de bastoncito (bastoncitos) en la retina son fotorreceptores del blanco y el negro, mientras que las células con forma de cono (conos) controlan los colores. Las mujeres tienen en proporción más conos que los hombres. Por lo tanto, ellas pueden ver los colores mejor que los hombres. ¡No es extraño que muchos hombres combinen mal la camisa, la corbata y las medias!

Los estudios demuestran que los niños pequeños asimilan menos detalles sensoriales que las niñas pequeñas. Un estudio que se realizó en Inglaterra y que estudió a niños y niñas entre dos a cuatro días de nacimiento, descubrió que las niñas mantenían contacto visual con los adultos por el doble de tiempo que los niños, sin importar que los adultos estuvieran hablando o en silencio.[5] Las bebés también observaban y seguían la mirada de los adultos más que los bebés[6] y hacían más contacto visual que ellos.[7]

Como en todas las diferencias en la manera en que los hombres y las mujeres son creados, existen ventajas y desventajas, puntos fuertes y puntos débiles. Por ejemplo, conducir de noche. Los ojos de los hombres están

---

* La tetracromacia es la capacidad para procesar cuatro canales independientes para transmitir información sobre colores o procesar cuatro conos diferentes, uno diferente al típico RVA (rojo, verde, azul).

mejor diseñados para ver a larga distancia a través de un campo de visión más angosto, especialmente en la oscuridad. Esto, combinado con la capacidad espacial del cerebro derecho de los hombres, les facilita reconocer e identificar el tráfico que se acerca en dirección contraria de manera más rápida que las mujeres.

Los hombres vemos mejor que las mujeres con luces brillantes, pero tendemos a ver en un campo más angosto. En otras palabras, tenemos lo que los investigadores llaman «una leve visión periférica restringida, con mayor concentración en la profundidad».[8] Esta puede ser una razón por la que los niños cuando caminan sufren el doble de accidentes o muertes que las niñas. No es solo porque los niños están dispuestos a correr más riesgos (lo que es verdad), sino porque tienen menos visión periférica que las niñas.[9] La visión periférica más amplia en las niñas les concede captar imágenes más grandes.[10] Este diseño de la visión también puede explicar el motivo por el que a las mujeres cuando conducen las chocan menos de costado en los cruces en comparación con los hombres.[11]

Esta diferencia en el diseño de la visión masculina y femenina también explica lo que ocurrió una noche cuando yo buscaba un objeto en el baño. Barb lo había limpiado y yo estaba seguro de que ella me lo había escondido. No estaba en ningún lado. Llamé a Barb porque quería saber en dónde lo había guardado. Molesta por mi ceguera, entró al baño y luego, como por arte de magia, agarró el objeto que estaba en la parte de arriba del tocador, ¡justo donde yo lo había dejado!

El cerebro de los hombres asimila menos detalles sensoriales que el de las mujeres. Esa es la razón por la que no percibimos el polvo, que aparentemente tiene algunas partículas finas que se asientan en los muebles. A los hombres no les interesa el interior de la casa. Somos creados para espacios más grandes, como el garaje, el camino de entrada o el patio.[12]

Tom Purcell

Al comienzo de nuestro matrimonio, yo estaba convencido de que Barb podía hacer magia porque hacía aparecer de la nada las cosas que yo buscaba, ya fuese en el refrigerador, el escritorio o la mesa de trabajo.

Destornillador, hilo dental, barra de mantequilla, llaves del auto, billeteras, siempre han estado aquí con el paso de los años. Solo que yo no puedo verlos y Barb sí puede. Con su mejor visión periférica y de colores, ella puede ver todo el contenido del refrigerador sin mover la cabeza. Con mi visión periférica restringida, yo tengo que mover la cabeza o los ojos hacia todos lados para encontrar un objeto extraviado.

Este déficit en la visión periférica que tienen los hombres también puede explicar el motivo por el que siempre los atrapan cuando giran la cabeza para mirar a una mujer hermosa. Tanto los hombres como las mujeres observan a personas atractivas del sexo opuesto.[13] Sin embargo, con la visión periférica restringida, ellos tienen que mover la cabeza un poco y, aunque el movimiento sea imperceptible, casi siempre los atrapan.

Las diferencias en la percepción que existen entre el cerebro masculino y femenino no se limitan a la vista, porque también están presentes en la manera en que escuchamos, sentimos, olemos y degustamos. Disfrutemos de la opinión irónica de Rick David sobre algunas de las diferencias biológicas en la percepción entre los hombres y las mujeres:

- El cerebro femenino, a través de los receptores olfativos, puede detectar un olor ofensivo en mil millones. Cuando los hombres notan que algo apesta, ya es demasiado tarde.
- En las mujeres, la corteza Hypo-Interferus está muy desarrollada. Esta área del cerebro femenino estimula el deseo de hablar de temas familiares durante los últimos minutos de algún desempate muy reñido en televisión.

◄► El «lóbulo frontal higiénico» no está presente en los hombres.

◄► El «tálamo de la temperatura» le dice a las mujeres que siempre existe algún problema con la temperatura del ambiente y que hay que cambiarla como sea.

◄► La «glándula ¡detente-que-tengo-que-orinar-ahora!» actúa como una especie de radar en las mujeres al liberar una necesidad incontrolable de orinar cuando las están llevando a través de sectores de la ciudad controlados por pandillas.[14]

Si esperamos que nuestras parejas tengan nuestros sentidos, nos encontraremos con una sorpresa desagradable.

Diferencias en la audición

Investigadores de la Universidad McMaster descubrieron que las mujeres poseen una densidad superior de nervios en un área del cerebro relacionada con el procesamiento y la comprensión del lenguaje.[15] Por ejemplo, un estudio de imagen del cerebro demostró que los hombres escuchan con un solo lado del cerebro pero las mujeres usan ambos lados.[16] Otra investigación del cerebro demostró que las mujeres pueden escuchar, comprender y procesar hasta siete entradas auditivas diferentes (como conversaciones) al mismo tiempo, mientras que los hombres apenas pueden seguir una.[17] Una razón para destacar es que las mujeres tienen un cuerpo calloso más grande que conecta los hemisferios derecho e izquierdo de sus cerebros y les permite usar varios centros auditivos que están enlazados en ambos lados de sus cerebros al mismo tiempo.

En la audición las mujeres tenemos una ventaja sobre los hombres. Para decirlo de manera sencilla, las mujeres hemos sido mejor creadas para recibir y procesar múltiples entradas auditivas al mismo tiempo. En lo que respecta a la audición masculina, parece que los hemisferios de los cerebros de ellos se conectan por una fina cuerda entre dos latas.

¡Eh, yo me parezco a ese comentario! Bueno, tengo que admitir que Barb es mejor para oír que yo. Y en la gran mayoría de las mujeres, esto no es una habilidad adquirida sino una capacidad innata. Estas diferencias en la capacidad de audición se pueden demostrar cuando los niños y las niñas son muy pequeños. Cuando tienen una semana de vida, las niñas pueden diferenciar entre las voces de sus madres y los sonidos que hacen otros bebés. Los niños no pueden hacerlo.[18] Los científicos que realizaron este trabajo descubrieron que las niñas pequeñas pueden escuchar sonidos mucho más suaves que los que pueden oír los niños. Ellas poseen un sentido de audición que es de dos a cuatro veces mejor que en los niños (dependiendo de la frecuencia con la que se evalúa). Esta distinción temprana se presenta al momento en que los niños puedan ser evaluados de manera confiable.[19]

¡Esto ayuda a explicar el motivo por el que yo podía hablar con una amiga por teléfono al mismo tiempo que escuchaba la radio, a Kate leyendo en voz alta en la mesa de la cocina y también a Scott y lo que él estaba mirando en la televisión en otra habitación! Pero cuando suena el teléfono en nuestra casa, Walt necesita apagar el televisor, bajar el volumen de la música y pedirle a los niños que se callen antes de que pueda contestarlo. Yo solo atiendo el teléfono.

Por otra parte, es muy común que si en nuestra casa gotea un grifo por la noche despierta a Barb. En cambio, si yo estuviera despierto y parado frente al grifo que gotea, probablemente no me daría cuenta. Las mujeres no solo escuchan sonidos nuevos en sus entornos mejor que los hombres, sino también distinguen sonidos más agudos y son más eficientes para percibir pequeños cambios en volumen y tono.[20] Esto ayuda a explicar por qué las madres intuitivamente les cantan canciones de cuna a las niñas pero les hablan a (o juegan con) los niños. También puede ser la causa por la que seis veces más niñas que niños pueden cantar a tono.[21]

Los pequeños cambios en el tono también nos permiten «escuchar» las emociones de niños, niñas y personas adultas. Puedo recordar que le dije a nuestro hijo Scott: «No uses ese tono de voz conmigo, hombrecito». Él no tenía idea de cómo yo me había dado cuenta.

Tal vez este es el motivo por el cual Barb dice que también puede distinguir mi tono de voz. Imagínese, ella piensa que se da cuenta cuando yo estoy enojado de verdad pero intento ser dulce con ella por fuera.

Para mí, como para cualquier hombre, una sola entrada auditiva es todo lo que mi mente puede manejar. Saber esto me ayuda a honrar a Barb y escucharla con más atención. Por ejemplo, cuando íbamos hace poco al aeropuerto, Barb y yo estábamos escuchando un CD. Cuando Barb comenzó a hablarme, yo apagué el reproductor de CD. Barb dijo: «No es necesario que lo apagues». Yo sonreí y le respondí: «Sí es necesario, porque quiero escuchar todo lo que dices».

Con todas las ventajas auditivas innatas que tengo, y por el hecho de que mi cerebro conecta estímulos sensoriales y recuerdos, no es una sorpresa que recuerde mucho de lo que Walt ha dicho desde el momento en que nos conocimos. ¡Pero Walt tiene dificultades para recordar la mitad de los artículos que le pedí que comprara en la tienda ayer!

Diferencias en el tacto y en la sensación de dolor

Tanto la mente de él como la de ella no son solo diferentes en la audición y en la vista, sino que desde el momento en que nacen, las mujeres reaccionan más rápido y con más agudeza al tacto y al dolor. Investigadores británicos han descubierto que las mujeres, cuando se las compara con los hombres, sienten mayor dolor en más partes del cuerpo, con más frecuencia y por mayor espacio de tiempo.[22] La piel de las mujeres adultas es por lo menos diez veces más sensible al tacto y a la presión que la de los hombres[23] y, contrario al pensamiento popular, la resistencia de las mujeres al dolor es menor.[24]

> *L*os exámenes *que miden* la sensibilidad de la piel en los hombres y mujeres en la niñez y adultez, producen diferencias tan asombrosas *que* a veces los resultados ni siquiera coinciden parcialmente.
> De *hecho,* los niños más sensibles parecen sentir menos *que* las niñas menos sensibles.[25]
>
> **Dr. J. M. Reiniscb**

Los niveles altos de oxitocina en las mujeres no solo estimulan el deseo de tocar, sino que la oxitocina también sensibiliza los receptores del tacto en la piel. Este hecho explica por qué las mujeres occidentales son de cuatro a seis veces más propensas a tocar a otra mujer durante una conversación que los hombres de tocar a otro hombre.[26] Demuestra asimismo, no solo por qué es más probable que una madre (más que un padre) corra a ayudar a un niño o una niña que se cayó cuando está aprendiendo a caminar, sino que evidencia por qué ella es más propensa a tocar, acariciar o abrazar al niño o niña. No debe sorprender que digamos cosas como «nos mantenemos en contacto», «toque personal», «susceptible» o «esa persona me saca de quicio».

Resultado: las mujeres son más sensibles que los hombres. Los esposos deberían recordar que con las mujeres, un roce suave o una caricia lenta y prolongada puede dar excelentes resultados.

Diferencias en el olfato y en el gusto

Cuando decimos que hay diferencias en el olfato y en el gusto, no queremos decir que las mujeres huelen mejor, sino que el sentido del olfato de ellas (y el del gusto) es mucho mejor que el de los hombres.

Mi capacidad gustativa es mejor que la de Walt. Y ni siquiera entramos en el terreno del olfato. Yo solía pensar que el hecho de que ignorara las medias apestosas en el ropero era la manera que tenía de vengarse de mí. Ahora sé que no es así. Simplemente, él no ha sido creado para oler o degustar como yo puedo hacerlo.

Dios nos creó a cada uno de nosotros con por lo menos diez mil papilas gustativas que distinguen entre lo dulce, salado, ácido y amargo, y podemos percibir estos cuatro gustos en todas las áreas de la lengua.[27] Los hombres, incluso los bebés recién nacidos, pueden diferenciar los gustos salados y ácidos mejor que las mujeres.[28] Sin embargo, ellas tienen más papilas gustativas y son superiores con los gustos amargos y sabores complejos.

Si hablamos del olfato (capacidad olfativa), las mujeres son mejores que los hombres, aunque esto era solo un comentario anecdótico hasta hace poco.[29] La investigadora interesada en los sentidos, Dra. Pamela Dalton y su equipo demostraron que las mujeres en edad reproductiva tienen una habilidad especial para percibir aromas casi imperceptibles. Con la exposición reiterada a una gran variedad de olores, las mujeres rápidamente se convierten en mejores detectores. Esta sensibilidad fue cinco veces mayor en las mujeres que en los hombres que fueron investigados. Ellos sencillamente no pudieron detectar los aromas, incluso con la práctica. En otros experimentos, a las mujeres les fue mejor que a los hombres cuando tuvieron que reconocer un aroma indicado en un fondo de otros aromas, un escenario más parecido a la experiencia en el mundo real.[30]

Los investigadores de Yale han demostrado lo que todas las mujeres que alguna vez han estado embarazadas saben: el gusto cambia drásticamente durante el embarazo.[31] El sentido de olfato de ellas también se vuelve más agudo durante la gestación. Cuando yo estaba embarazada de Kate y Scott, por ejemplo, podía oler los aromas de un edificio, como los del supermercado, antes de entrar en él. También sentía que podía «oler» el humor de Walt, y ahora los investigadores han demostrado que las mujeres podemos oler las feromonas y el olor único de nuestros hombres, no solo de manera consciente sino también inconsciente.[32]

Siempre me he preguntado cómo hace Barb para entrar en nuestro ropero y saber que he colgado un par de pantalones usado varias veces sin lavar, ¡incluso antes de encontrarlos!

Si usted piensa que nuestros sentidos físicos son diferentes, entonces solo espere hasta que conozca más sobre nuestras capacidades de pensamiento y procesamiento. Las maneras en que procesamos nuestras experiencias pueden significar mundos separados.

Referencias

1. Ver Génesis 9:16: «Cada vez que aparezca el arco iris entre las nubes, yo lo veré y me acordaré del pacto que establecí para siempre con todos los seres vivientes que hay sobre la tierra».

2. Ver Romanos 1:20: «Porque desde la creación del mundo las cualidades invisibles de Dios, es decir, su eterno poder y su naturaleza divina, se perciben claramente a través de lo que él creó, de modo que nadie tiene excusa».

3. Citado en Amanda Ripley, «¿Quién dice que una mujer no puede ser Einstein?», enviado el domingo 27 de febrero del 2005, *Time Magazine: www.time.com/ time/printout/0,8816,1032332,00.html*, 12 de abril del 2007.

4. Citado en K. A. Jameson, S. M. Highnote y L. M. Wasserman, «Experiencia de color más rica en observadores con multiples genes opsina de fotopigmento», *Psychonomic Bulletin and Review* 8, no. 2, junio del 2001, p.244-61.

5. Citado en Jennifer Connellan et al., «Diferencias entre los sexos en la percepción social neonatal humana», *Infant Behavior and Development* 23, 2001, p. 113-15.

6. A. P. Bayliss, G. di Pellegrino y S. P. Tipper, «Diferencias entre los sexos en la mirada y en las marcas simbólicas de la atención», *Quarterly Journal of Experimental Psychology* 58, no. 4, mayo del 2005, p.631-50.

7. Citado en Svetlana Lutchmaya, Simon Baron-Cohen y Peter Raggatt, «Testosterona fetal y contacto visual en bebés de 12 meses», *Infant Behavior and Development* 25, 2002, p. 327 -35.

8. Anne Moir y David Jessel, *El sexo en el cerebro: la verdadera diferencia entre hombres y mujeres*, Dell, New York, 1992, p.18.

9. Barbara y Allan Pease, *Why Men Don't Listen and Women Can't Read Maps: How We're Different and What to Do about It*, Broadway Books, New York, 2000, p. 21.

10. Moir y Jessel, *El sexo en el cerebro, p.18.*

11. Pease, *Why Men Don't Listen, p.23.*

12. Tom Purcell, «Los hombres, las mujeres y los cerebros», enviado el 10 de octubre del 2003, *Men's News Daily: http://mensnewsdaily.com/archive/p/ purcell/03/purce11001003.htm*, 13 de abril del 2007.

13. J.K. Maner et al, «Cognición sexualmente selectiva: la belleza captura la mente de quién la mira», *Journal of Personality and Social Psychology* 85, no. 6, diciembre del 2003, 1107-20, *Florida State University Department of Psychology: www.psy.fsu.edu/faculty/maner/sexually%20 selective%20 cognition.pdf,*12 de abril del 2007.

14. Rick David, «La última investigación del cerebro masculino/ femenino,¡revelaciones espeluznantes!», *Merchant America San Diego: www. sandiego.merchantamerica.com/index.php?x=articles&periodicaCkey=3479,* 12 de abril del 2007.

15. Citado en Sandra F. Witelson, I. I. Glezer y D. L. Kigar, «Las mujeres tienen mayor densidad numérica de neuronas en la corteza temporal posterior», Journal *of Neuroscience,* 15, 1995, 3418-28.

16. Citado en Purcell, «Los hombres, las mujeres y los cerebros».

17. K. Kansaku and S. Kitazawa, «Estudios de imagen sobre la diferencia entre los sexos en la lateralización del lenguaje», *Journal of Neuroscience Research 41, no. 4*, diciembre del 2001, p.333-37.

18. Pease, *Why Men Don't Listen,p. 30.*

19. Citado en J. Cassidy y K. Ditty, «Diferencias en los géneros entre recién nacidos en una prueba de emisiones otoacústicas transitorias para la audición», *Journal of Music Therapy* 38, 2001, p. 28-35. Ver también B. Cone-Wesson y G. Ramirez, «Sensibilidad auditiva en recién nacidos calculada desde pruebas de la respuesta auditiva del tronco cerebral hasta sonidos realizados por los huesos», *Journal of the American Academy of Audiology* 8, 1997, p.299-307.

20. Pease, *Why Men Don't Listen,* p.30.

21. Moir y Jessel, *El sexo en el cerebro,* p.17 -18.

22. Citado en «Es verdad, las mujeres sufren el dolor más que los hombres», *News-Medical: www.news-medical.net/?id=11498,* 12 de abril del 2007.

23. Citado en Pease, *Why Men Don't Listen,* p.35.

24. Citado en «Es verdad, las mujeres sufren el dolor más que los hombres».

25. J. M. Reinisch, «Diferencias en las hormonas fetales, el cerebro y el sexo humano: una investigación integradora y heurística de la literatura reciente», *Archives of Sexual Behavior* 3, no. 1, enero de 1974, p. 51-90.

26. Citado en Pease, *Why Men Don't Listen,* p.35.

27. Ver I. Edward Alcamo, *Anatomy Coloring Workbook,* Princeton Review, New York, 2003, p.136.

28. Cita de L. Zhang y H. Q. Li, «Estudio sobre el desarrollo del gusto en 62 bebés recién nacidos», *Chinese Journal of Pediatrics, Zhonghua Er Ke Za Zhi,* 44, no.5, mayo del2006, p. 350-55.

29. P. Dalton, N. Doolittle y P. A. Breslin, «Inducción específica a los géneros de sensibilidad aumentada a los olores», *Nature Neuroscience 5, no.* 3, marzo del2002, p.199-200.

30. Citado en Tim Patterson, «Cuentos del paladar-vino-capacidad del gusto en las mujeres», *Find Articles: www.findarticles.com/p/articles/mi_m3488/is_6_84/ai103995707,* 12 de abril del 2007.

31. Citado en V. B. Duffy et al., «El gusto cambia a lo largo del embarazo», *Annals of the New York Academy of Sciences* 855, 30 de noviembre de 1998, p.805-9.

32. Ver Pease, *Why Men Don't Listen,p.37.*

4

Capítulo

DIFERENCIAS EN LA MANERA EN QUE PROCESAMOS LOS ESTÍMULOS DE NUESTRO MUNDO

UNA TARDE, ANTES DE QUE BARB Y YO SALIÉRAMOS A DAR UNA vuelta, tiré un sombrero viejo que no usaba hacía tiempo. Al regresar a casa, estábamos tomando un vaso de agua cuando Barb frunció la nariz para oler. «Déjame ver tu sombrero», me pidió. Le di el sombrero y ella respiró profundo y sonrió contenta.

—¿Qué? —le pregunté.

—¡Huele al verano pasado! —exclamó. —Huelo la loción bronceadora que usaste en nuestras vacaciones en la playa. —Lo pasamos muy bien, ¿cierto?

Yo también me sonreí. Lo habíamos pasado muy bien. Pero no podía percibir el olor que salía del sombrero (incluso si hubiese podido, *sé* que no hubiese relacionado el olor con el recuerdo de la misma manera que Barb lo hizo).

Las diferencias en la forma en que asimilamos y procesamos la información sensorial puede hacernos creer que nuestra esposa (o el otro género entero) es un ser extraterrestre. Su esposa relaciona y responde al mundo de manera distinta a usted y todo se debe a las diferentes maneras en que la mente de él y la de ella están creadas para funcionar. Comprender esto es sumamente importante cuando se trata de un matrimonio feliz.

Siempre que Barb y yo viajamos a otro país, investigamos la historia, cultura, costumbres y el idioma del pueblo que visitaremos. Al entender un poco el mundo de ellos, es decir, cómo piensan y funcionan, estaremos en mejores condiciones de disfrutar la experiencia. De la misma manera, Barb y yo queremos introducirle en el modo en que su esposa procesa y relaciona las emociones, el estrés y las tareas que tiene a mano. Lo más probable es que a usted le resulte algo extraño.

Diferencias entre sistematización y empatía

Es factible que las mujeres pasen horas conversando con gusto mientras toman café o té, hablando con una vecina o amiga cercana, siendo anfitrionas de cenas, aconsejando a una amiga con problemas, haciendo compras u ocupándose de los amigos, vecinos y las mascotas. Por ejemplo, cuando Barb y yo estamos en un negocio de periódicos de un aeropuerto, ella, como la mayoría de las mujeres, ojea revistas de moda, belleza, consejos para parejas, consejos para padres, decoración de casas y jardinería.

En cambio yo, como la mayoría de los hombres, miro revistas de computación, autos, barcos, caza, deportes, electrónica y de vida al aire libre. Es más probable que los hombres dediquen horas a un proyecto (diseñando o descubriendo cómo mejorar algo, ya sea en el taller o en el trabajo; o relacionado con nuestros pasatiempos), una actividad independiente (deportes o aventuras al aire libre), o actividades que fomentan la competencia y el predominio.

Estas preferencias en cuanto al comportamiento y la recreación se originan en el cerebro. El Dr. Simon Baron-Cohen de la Universidad de Cambridge las resume de la siguiente manera: «Los hombres en promedio tienen un mayor instinto de sistematización y las mujeres de empatía. La sistematización consiste en identificar las leyes que gobiernan el funcionamiento de un sistema ... La empatía, por otro lado, significa reconocer lo que otra persona puede pensar o sentir y responder a esos sentimientos conmoviéndose uno mismo».[1]

Cabe citar que las niñas de tan solo doce meses responden con más empatía al sufrimiento de otras personas, y muestran preocupación a través de miradas tristes y articulan algo compasivo y reconfortante.[2] Baron-Cohen señala: «La persona empática sabe intuitivamente cómo se sienten las personas y cómo tratarlas con cariño y sensibilidad.[3]

A su vez, la mente masculina funciona mejor cuando analiza, explora y construye sistemas. Baron-Cohen dice: «La persona que sistematiza descubre cómo funcionan las cosas, o cuáles son las reglas subyacentes que controlan un sistema. Los mismos pueden ser tan variados como un estanque, vehículo, computadora, ecuación matemática o hasta una unidad militar. Todos funcionan con estímulos y producen respuestas al emplear reglas».[4]

No hace mucho, una pareja de recién casados vino a cenar. Ellos contaron algunos de los problemas que tenían en su la relación. El esposo y yo empezamos a discutir sobre las distintas causas y posibles soluciones al problema.

Me encontré a mí misma identificándome con la joven esposa y la mezcla de sentimientos que ella parecía experimentar. El método sistemático de Walt y mi estilo empático eran cien por ciento distintos, pero ambos nos relacionamos con la esposa y el esposo de una manera significativa.

Hombres sistemáticos, mujeres empáticas

Los tipos de cerebro sistemático y empático se manifiestan de miles de formas:

- En los juguetes que los niños y niñas prefieren (a las niñas les gustan las muñecas con características humanas; a los niños les agradan los camiones mecánicos)
- En la respuesta a la impaciencia verbal (las mujeres negocian con los demás; los hombres dan ordenes a los demás)
- Al conducir (las mujeres encuentran puntos de referencia y personalizan el espacio; los hombres ven un sistema geométrico y toman señales direccionales del trazado de las rutas.
- En el juego (las mujeres cooperan; los hombres compiten) [5]

Hara Estroff Marano

Diferencias en las habilidades espaciales

Otro ejemplo de cómo la mente de él y la de ella procesan de manera diferente, es la forma en que ambos llevan a cabo tareas espaciales, es decir: habilidad para ver en 3D la forma, dimensiones, coordenadas, posición, ubicación, proporciones, movimiento y geografía de un objeto. El procesamiento espacial consiste en ser capaz de rotar, invertir, atravesar, girar alrededor de o dar vuelta mentalmente un objeto. Esquivar un obstáculo, leer un mapa de carreteras y visualizar un mapa topográfico o un plano en tres dimensiones son habilidades espaciales.

Rastreos funcionales del cerebro revelan que la destreza espacial en los hombres está ubicada en un área específica y eficiente del hemisferio derecho. En las mujeres, los hemisferios que están conectados mejoran el procesamiento verbal y emocional pero dificultan el procesamiento espacial. De hecho, solo alrededor del diez por ciento de las mujeres tiene habilidades espaciales que son tan buenas como las del hombre medio.[6]

Es muy cierto, por ejemplo, que la mayoría de las mujeres no pueden interpretar un mapa tan bien como un hombre. Pero ellas están capacitadas para interpretar mejor a las personas. Y los seres humanos son más importantes que los mapas. La mente masculina, en este momento, pensará en excepciones a esto ... El mejor argumento para el reconocimiento de las diferencias es que hacerlo probablemente nos haría felices.[7]

Dra. Anne Moir

Estas diferencias en la habilidad espacial explican los impedimentos que tienen las mujeres para leer mapas. Según el cartógrafo inglés Alan Collinson, la mayoría de las mujeres tiene dificultades para conducir con mapas «porque necesitan una perspectiva tridimensional para ir por una ruta». Y explica: «Diseño mapas turísticos con perspectiva tridimensional, tienen árboles, montañas y otros puntos de referencia. A las mujeres les va mucho mejor con este tipo de mapas». ¿Por qué? Nuestros estudios demuestran que los hombres tienen la habilidad de convertir un mapa en dos dimensiones en uno tridimensional, pero parece que la mayoría de las mujeres no pueden hacerlo».[8]

Para el hombre, conducir es una prueba de sus habilidades espaciales y matemáticas, lo que le permite hacerlo de una forma que a la mayoría de las mujeres le parece peligroso. Cuando Walt conduce, ha sido útil para mí comprender que lo que a mí me parece peligroso no lo es tanto para él, dado el diseño de su cerebro. En vez de fastidiarlo diciéndole «¡Ten cuidado!» o «¡Ve más despacio!», le digo «Walt, me sentiría más tranquila si condujeras un poco más despacio». Entonces él puede elegir cómo reaccionar.

Cuando percibo lo diferentes que son mis habilidades espaciales de las de Barb, principalmente al escuchar sus gritos si cambio de carril cuando hay mucho tráfico, puedo hacer que se tranquilice si conduzco un poco más despacio. Entonces, me aseguro de que haya espacio de más (aunque innecesario) entre nuestro auto y los otros autos (tortugas). ¡Cuanto menos gritos escucho, conduzco mejor!

Diferentes respuestas al estrés

El cerebro de él y el cerebro de ella procesan y responden al estrés de maneras diferentes. En la actualidad se cree que la tendencia masculina a reaccionar con enojo se origina en las conexiones del cerebro que transportan las respuestas emocionales en sentido descendente hacia su cuerpo y respuestas físicas. El cerebro de una mujer tiene más tendencia a procesar las respuestas emocionales en sentido ascendente hacia los centros del cerebro relacionados con el habla, las relaciones y la contemplación. De manera que, en respuesta al estrés, las mujeres tienden a pensar y hablar antes de actuar. Los hombres, por otro lado, parecen estar creados para actuar primero y pensar después.[9] Los sentimientos, si aparecen, están muy escondidos.

En relación a las crisis, parte de la diferencia se debe a las distinciones en la estructura de las conexiones dentro del cerebro. En cierta forma, se relacionan con el impacto de las hormonas. Los Drs. Ruben y Raquel Gur y su equipo de investigación descubrieron que las porciones del cerebro que se utilizan para controlar las respuestas a la agresión y a la ira son más grandes en las mujeres que en los hombres.[10] Además, durante las crisis o el estrés, las mujeres no experimentan el agradable aumento hormonal de testosterona, vasopresina y serotonina que tienen los hombres al competir, pelear o correr riegos.[11] Más bien, es probable que las mujeres experimenten el aumento de oxitocina que se produce cuando disfrutan de participar de una conversación o relación afectiva.[12]

Las mujeres se inclinan hacia los comportamientos de cuidado y ayuda asociados con niveles más altos de oxitocina y estrógeno.[13] El cuidado implica la creación de un entorno maternal, física y emocionalmente seguro para nuestra familia y para otros. La ayuda también supone entablar relaciones con otros que se nos acerquen cuando no podemos cuidar de nosotras mismas o a nuestros hijos.[14] Asimismo nos gusta participar en actividades con otras mujeres.[15] Cuando mis hijos eran pequeños, siempre esperaba los picnic con mis amigas y sus hijos en el patio de juegos. Actividades como estas mejoran el aumento de oxitocina y otras hormonas que son tan placenteras para nosotras.[16]

Los profesionales que revisaron los primeros borradores de este libro comentaron que no habíamos mencionado a las mujeres más competitivas y orientadas a los resultados que a veces vemos en el mundo profesional. Tenga en mente que hablamos de las generalidades del cerebro de él y el de ella. Como mencionamos en la introducción, hay muchas diferencias entre los hombres y las mujeres, y las distinciones de alguien no se aplicarán un cien por ciento a usted ni su experiencia. Sin embargo, en la mayoría de los hombres y mujeres, la investigación es bastante clara en el sentido que desde nuestros primeros días en la escuela y continuando en la educación superior, los hombres tienden a competir y las mujeres a cooperar.[17] No cabe duda de que muchas mujeres pueden ser muy competitivas. No obstante ello, están creadas para cooperar, incluso cuando compiten.

Por ejemplo, en la escuela de derecho, a la mayoría de las mujeres no les gusta la naturaleza competitiva de muchas de las clases.[18] Por lo tanto, prefieren los cursos de mediación. Es factible que las abogadas intenten obtener puestos en empresas o como jueces.[19] Es probable que los abogados elijan puestos de «abogados penalistas, los gladiadores de la profesión».[20] En situaciones estresantes, «a los hombres no solo les gusta más la competencia; también les va mejor cuando una situación parece serlo».[21]

Otro estudio demostró un hecho que observé con detenimiento cuando iba a la escuela de medicina en los años 70: si se notaba que el entorno de una situación era más competitivo, a los hombres les iba mejor, mientras que a las mujeres peor.[22] Otras investigaciones presentaron el mismo resultado: en situaciones competitivas o estresantes o en tiempos de crisis en general, los hombres no solo disfrutan más la competencia que las mujeres; sino que a menudo se vuelven más seguros, mientras que existe la probabilidad que las mujeres se pongan más nerviosas.[23]

Las mujeres en la política

La tendencia de las mujeres a cuidar, ayudar y cooperar más que competir, incluso en el mundo político, no podría haberse ilustrado mejor que en enero del 2007 cuando Diane Sawyer de la ABC preguntó a dieciséis mujeres que se desempeñaban en el Senado de los Estado Unidos de America de qué manera gobernarían diferente de los hombres.[24] Aquí tiene cuatro respuestas típicas:

- «Escucharé sobre colaboración, cooperación, y sobre un formato que estimo reúne a la gente».[25]

- «Las mujeres promovemos más transparencia en los procedimientos, que las personas se sienten a compartir en la misma mesa y también, colaboración y colegialidad».[26]

- «Las mujeres tienden a ser mucho más incluyentes».[27]

- «Las mujeres hablamos de la facilidad que tenemos para encontrar temas de interés mutuo».[28]

Cuando están bajo estrés, los hombres estiman la agresión y los riesgos como algo funcional, mientras que las mujeres los consideran un problema.[29] Cuando los hombres responden físicamente al estrés y se dan cuenta de lo que ellos creen que son resultados positivos, como cuando por ejemplo un hombre gana una competencia, sus niveles de testosterona, vasopresina y su sensación de satisfacción aumentan repentinamente.[30]

Cuando estábamos por comprar una casa, la negociación entre los dos agentes inmobiliarios se puso tensa y desagradable. De inmediato, yo estaba listo para la pelea. Me sentía molesto y enojado porque el agente del vendedor no había procedido con sinceridad y había violado una de las condiciones del contrato. Entonces, comencé a tramar una batalla al saber que llevábamos ventaja.

Por otro lado, yo sentí el buen corazón y el motivo sincero de la mujer que vendía la única casa que tenía. Realmente me compadecí de ella y le pregunté a Walt si no le molestaba que hablara con ella. Walt confía en mi intuición, así que se calmó y aceptó. Cuando ella y yo hablamos, me di cuenta de que ella estaba tan enojada como yo (principalmente con los agentes), entonces acordamos reunirnos. Hablamos mientras tomábamos un café y no solo acerca de los agentes y la casa, sino sobre nuestras vidas y familias. Cuando la reunión terminó, el problema estaba solucionado.

Recuerdo que una vez, dentro de un mercado inmobiliario difícil, recibimos una oferta extremadamente baja por nuestra casa. Quiero aclarar que, en el ámbito del comprador una cosa es vender la casa de uno y otra es regalarla. Pero *era* una oferta. Entonces me dije: «¡Ahora dejemos que empiecen las negociaciones!» Estaba listo para competir.

¿Ve cómo trabaja la mente de él? La mía respondió de manera diferente. Me sentía nerviosa e inquieta. Estaba lista para acabar con eso. No quería negociar ni que nuestra casa permaneciera por más tiempo en el mercado. Para mí, vender al precio ofrecido, a pesar de ser muy bajo, era una opción mucho menos estresante. Si hubiera hecho eso,

hubiésemos vendido nuestra casa por mucho menos del valor de mercado. Pero si Walt no hubiese controlado su impulso de competir, es decir, negociar con agresividad, creo que hubiésemos perdido la venta.

Entonces, conversamos acerca de nuestras diferentes respuestas y estuvimos de acuerdo en que negociaríamos juntos. Así que le hicimos una contraoferta razonable al potencial comprador durante lo que resultó ser una agradable visita que llevó a un precio de venta superior.

Nuestras respuestas a las mismas situaciones eran muy distintas pero juntos éramos más fuertes como equipo de lo que hubiéramos sido separados. ¡Para mí estos incidentes eran excelentes ejemplos de la mente de él y la de ella trabajando por un objetivo común pero tomando caminos muy diferentes! Desde nuestros primeros días de vida, en general, la mente de él prefiere competir, mientras que la de ella prefiere cooperar.

Diferentes respuestas emocionales

La amígdala, que es la parte «reaccionaria» del cerebro ubicada dentro del sistema límbico, controla las respuestas emocionales y los impulsos agresivos. Está conectada al lóbulo frontal en la parte «racional» del cerebro, donde se regulan los impulsos y toma de decisiones morales. El Dr. Larry Cahill, neurobiólogo de la Universidad de California, Irvine, y sus colegas descubrieron que la amígdala funciona de diferente maneras en los hombres y mujeres. Esto puede ser otra explicación de por qué las mujeres tienden a ser menos agresivas que los hombres.

Los baños de testosterona aumentan el tamaño de la amígdala masculina y cuanto más grande, más agresiva tiende a ser la persona. Esta es una razón por la que los hombres, en general, responden de manera física a los estímulos emocionales, con mayor agresividad y más ira que las mujeres. Además, la gran conexión entre el sistema límbico y el cuerpo en los hombres les hace más propensos a actuar que hablar. La relación entre la amígdala y el lóbulo frontal en las mujeres es mucho mayor que en el hombre, por eso es más probable que ella controle su respuesta física a las emociones.

El lóbulo frontal, que ayuda a dirigir las emociones, es mayor en las mujeres que en los hombres de manera que es posible que ellas sean capaces de contener sentimientos demasiado enardecientes. Según el Dr. Cahill: «Puede ser por esta diferencia que las mujeres son menos propensas que los varones a salirse de sus casillas».[31] Además, ya que en ellas la conexión entre la amígdala y el centro de las emociones y del lenguaje de la corteza cerebral también es mucho mayor que en los hombres, es más factible que las mujeres quieran dialogar acerca de lo que sienten.

Estos hechos demuestran por qué las mujeres reconocen y procesan los estímulos sensoriales y las emociones más rápido que el hombre medio. De hecho, los estudios evidencian que los varones pueden demorar, en promedio, hasta siete horas o más que las mujeres en procesar estímulos emocionales, pensamientos y sentimientos.[32]

Comprender esto me ha sido útil. Saber que los hombres tardan más en procesar y manejar sus sentimientos me ha dado la capacidad de entender por qué Walt se recluye o queda callado cuando está molesto o trata de decidir algo. «La mayoría de las veces necesito hablar para procesar, pero Walt requiere de tiempo, espacio y tranquilidad. Además, no solo tiene dificultades para expresar sus sentimientos con palabras, sino que, como la mayoría de los hombres, tarda más en analizar y expresar esos sentimientos.

Cuando los hombres se sienten heridos o rechazados, es posible que reaccionen físicamente dando un portazo, golpe o un puntapié a algo. También pueden responder recluyéndose, ya sea yéndose fuera, al taller o la computadora. Otras veces, con una actitud silenciosa, sin revelar cómo se sienten. Tal vez, no tuvieron tiempo de entender cómo se sienten. Todos estos comportamientos biológicamente fundamentados pueden ocasionar malos entendidos y conflictos en el matrimonio. Y veremos por qué. Cuando la esposa trata de enfrentar sus sentimientos, su naturaleza hace que hable de lo que le causa molestia. Al hacerlo, su cerebro produce más oxitocina que tiene el efecto de darle una especie de sedante natural y le ayuda a aliviar el estrés y la tensión.

Sin embargo, para el hombre las charlas interminables y con mucha carga emocional pueden tener el efecto contrario. Una mujer que quiere que su esposo se siente a hablar puede notar que él muestra signos de irritabilidad. Puede distraerse fácilmente, tratar de «arreglar el problema» rápido, o simplemente irse a hacer otra cosa. Que una mujer trate de hablar con un hombre de sus problemas antes de que él haya podido reflexionar acerca de los mismos y procesarlos, puede motivar tanto estrés en él como alivio en ella. Por eso, cuando el esposo y la esposa se sientan realmente a hablar, es aconsejable que ella aprenda a responder a las señales de sobrecarga de él. Michael Gurian describe algunas de estas señales:

«Mientras habla, es posible que él se ponga inquieto o que no haga contacto visual. Puede que interrumpa o que trate de resolver el problema, o escapar de la conversación para ir a hacer otra cosa, como «perderse en su propio mundo» frente al televisor o trabajar en un proyecto.[33]

Los hombres aprenden de jóvenes a ocultar o esconder sus sentimientos, porque se sienten incómodos al hablar de temas con mucha carga emocional. Es importante que las mujeres entiendan estas realidades de la mente masculina ya que cuando un hombre oculta sus emociones, normalmente lo hace por una necesidad biológica. Las respuestas emocionales del esposo no son personales ni están dirigidas a la esposa. Más bien, son evidencias de su diseño único que le provee a él la forma de ayudarle a manejar sus emociones y el estrés de la vida y a proteger sus relaciones.

Cuando la mente de él como la de ella procesan emociones, lo hacen de maneras diferentes. Investigadores descubrieron que la mente de él procesa las emociones solo en uno u otro lado del cerebro, mientras que el cerebro de ella lo hace en ambos hemisferios al mismo tiempo.[34] Esto significa que un hombre puede ocuparse de la lógica o las palabras y utilizar solo su cerebro izquierdo. O puede trabajar para resolver problemas espaciales usando solo su cerebro derecho. En ambos casos, puede evitar activar cualquier centro emocional del cerebro. Sin embargo en las mujeres, las áreas del cerebro que se encargan de las emociones y la memoria emotiva casi siempre funcionan al mismo tiempo que otras actividades cerebrales. En otras palabras, «las emociones de una mujer pueden alternarse en forma simultánea con la mayoría de las otras funciones cerebrales».[35]

Por eso cuando los hombres me dicen: «¡Mi esposa se emociona por todo!». Yo respondo: «¡Por supuesto que sí!». Es exactamente así como fue creada. Está diseñada para tener esta sensibilidad que a la mayoría de los hombres les falta, también para ser nuestros ojos en un mundo en el que tendemos a no ser conscientes de las emociones. Y no solo eso, la mente de ella es *mucho* más hábil para los juegos mentales que el de él.

Diferencias en la multitarea

Los Drs. Ruben y Raquel Gur utilizaron IRM funcional para demostrar que el cerebro de las mujeres se ilumina en más áreas y usa más vías cerebrales que el cerebro de los hombres si se le otorgan diversas tareas.[36] Debido a que el cerebro de las mujeres está tan interconectado si se lo compara en iguales condiciones con el cerebro de los hombres, ellas están mejor diseñadas para realizar tareas múltiples. No solo está creado para realizar tareas múltiples, sino que prácticamente no se apaga.

Los autores Shaunti y Jeff Feldhahn describen con exactitud la aptitud de las mujeres para la multitarea:

> Usted está en la computadora, desplazándose entre seis o siete pantallas abiertas en el escritorio. Quizás está haciendo malabarismos con tres o cuatro documentos de Word, una o dos hojas de cálculo de Excel y el programa de presupuesto familiar. Es una gran estación central digital. Ahora agreguemos otra dimensión: imagínese que algunos de los documentos abiertos y programas en realidad tienen semanas y se ejecutaron en segundo plano todo el tiempo. Aún peor, su computadora esta infectada con spyware que hace que no dejen de aparecer anuncios molestos. Usted trató de cerrar estos archivos no deseados muchas veces. Instaló programas anti-spyware y reinició su computadora. Pero esas cosas molestas siguen apareciendo.[37]

Entonces Jeff concluye: «Bienvenido al mundo mental y emocional de una mujer».

Simplemente tiene que ir a su restaurante preferido para ver lo que ocurre. Cuando las familias con hijos pequeños salen a comer fuera la esposa le da de comer al bebé en la silla alta, vigila al niño en el asiento elevado, habla con su esposo sobre su día, le pide al mozo que le traiga más servilletas, y hace todo eso mientras come. El esposo solo se concentra en la tarea que tiene a mano que es comer su comida.

El cerebro de las mujeres parece estar bien «interconectado», mientras que el cerebro de los hombres está más «compartimentado». Este fenómeno se captura en la descripción visual que evoca el título del libro de Bill y

Pam Farrel *Men are like waffles- women are like spaghetti [Los hombres son como los wafles, las mujeres son como los espaguetis].*[38] Los varones tienden a procesar a la vez en «una caja de wafles», mientras que el procesamiento de las mujeres tiende a estar muy enroscado e interconectado como los espaguetis.

Barb y yo hemos visto nuestras aptitudes para concentrarnos en una sola cosa y para la multitarea durante una emergencia familiar. Un año estábamos en plena preparación de la cena del domingo de Pascua cuando escuchamos un choque, luego un grito y un pedido de auxilio.

De inmediato supimos que Scott, nuestro hijo de trece años, se encontraba en serios problemas. Barb y yo corrimos al garaje. Scott había tratado de subir su bicicleta por unas escaleras y se había caído. Lo encontramos llorando y con su pierna bañada en sangre.

Mi entrenamiento médico dio el puntapié inicial. De prisa fui al lado de Scott y examiné la herida. Las ruedas dentadas accionadas por la cadena de la bicicleta le habían cortado toda la piel desde la parte posterior de la rodilla hasta la gran arteria poplítea.

Presioné la herida con mi mano y le grité a Barb: «¡Trae una toalla! Tenemos que llevarlo de inmediato». Volteé para asegurarle a mi hijo que todo estaría bien.

Luego de tomar una toalla limpia para Walt, le dije a Kate que subiera al auto, llamé a una amiga para que iniciara la cadena de oración en nuestra iglesia, apagué el horno, rocié la mancha de sangre del piso con producto de limpieza y cerré con llave la puerta principal. Después que Walt subió a Scott al auto, fuimos al hospital. Mientras él cuidaba de Scott en la sala de emergencias, yo mantenía entretenida a Kate, llenaba formularios, hablaba por teléfono con mi mamá y planeaba cómo terminaría de cocinar la cena.

Mientras tanto, yo cuidaba a Scott. Por fortuna, la gran arteria no había corrido peligro y se cosió la herida en la sala de emergencias.

La mente de Walt respondió con calma a la crisis y su aptitud para concentrarse le permitió ocuparse del problema. Mi mente multitarea me ordenó que hiciera cosas que Walt nunca hubiese considerado. Mi mente y la de él, al funcionar juntos, lograron un mejor trabajo que el que cualquiera de los dos hubiese realizado en forma individual.

Diferencias en la intuición

Cierto día, cuando un amigo me dijo que admiraba mi buen juicio, recordé el viejo refrán que dice que el buen juicio proviene de la experiencia y la experiencia a menudo proviene del mal juicio. Uno de mis peores errores fue no valorar el consejo y la intuición de mi esposa cuando hice una gran inversión al comienzo de mi carrera profesional.

Después de comenzar en la práctica privada, Barb y yo decidimos que era hora de aplicar algunos de los principios financieros que aprendimos de la Biblia. Siempre fuimos buenos administradores en cuanto al diezmo, presupuesto y lo que ofrendábamos. Pero ahora era tiempo de empezar a invertir en la jubilación.

Durante este tiempo a Walt le ofrecieron lo que él pensó era un estupendo plan de retiro. Por razones que aún no puedo explicar, no creía que fuese tan maravilloso.

—¿Por qué no? —me preguntó.

Le dije:

—No sé. Simplemente no me parece bien.

Entonces Walt pasó bastante tiempo en tratar de convencer a mi cerebro izquierdo con cuadros, gráficos y datos de por qué esta era la mejor inversión para nosotros. Escuché con paciencia. Entendí lo que él me decía, de verdad que sí. Y todo lo que percibí fueron advertencias. Quizás porque admiro el intelecto de Walt y entiendo su naturaleza arriesgada no insistí para que lo viera a mi manera. Sin embargo, le dije con claridad que no creía que fuese una buena idea.

Mi cerebro izquierdo racional, incapaz de comunicarse con eficacia con mi cerebro derecho decidió no escuchar a Barb, ni ser consciente de las respuestas intuitivas que provenían de las complejas conexiones del cerebro derecho y el cerebro izquierdo de ella. Así que hice la inversión. ¿Y adivine qué sucedió? Me vine a pique en tiempo récord mundial. Por no prestar atención, ni honrar la capacidad única de procesamiento de Barb, casi entramos en bancarrota. Como resultado, pasamos los cinco años siguientes tratando de salir de la deuda.

Aprendí a la fuerza a no dudar de la capacidad de procesamiento subconsciente de mi esposa, a tomar en serio la intuición de ella, a valorarla y honrarla y, en consecuencia, tengo muchas menos conversaciones que terminan con el clásico: «¡Te lo dije!».

Mi punto es el siguiente: Barb percibió algo que yo no, y respondió como solo ella podría hacerlo. Si hubiese valorado el diseño único de Barb, si hubiese entendido que su intuición estaba creada para encajar perfectamente con mi punto flojo, aunque nunca podría comprenderlo, hubiese evitado el desastre.

Esta historia demuestra la manera muy diferente en que los hombres y las mujeres interpretan, juzgan y se relacionan con el mundo que nos rodea. La mente de las mujeres está creada para reconocer detalles más sutiles en los ojos, movimientos corporales, expresiones faciales y tono de voz de una persona. La aptitud de ellas para procesar de manera subconsciente una multitud de observaciones les permite juzgar el carácter y las actitudes de una persona más rápido y con mayor exactitud que ellos y esto puede documentarse en los primeros años de vida.

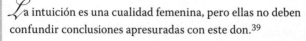

La intuición es una cualidad femenina, pero ellas no deben confundir conclusiones apresuradas con este don.[39]

Minna Antrim

Incluso antes de que puedan comprender el lenguaje, las niñas parecen tener más facilidad que los niños para identificar el contenido emocional del discurso y las expresiones faciales.[40] Son más sensibles a leer las expresiones faciales y tienen más aptitud para decodificar comunicación no verbal. Las niñas bebé, por ejemplo, prefieren balbucirles a las personas, pero los niños son felices balbuciéndoles a los juguetes o a los colgantes para bebés.[41] Y al observar la misma cantidad de imágenes de personas y objetos, las niñas recordarán haber visto personas; los niños recordarán haber visto objetos.[42] No es de extrañar que algunos investigadores ahora crean que lo que habíamos llamado intuición femenina pueda ser simplemente la aptitud natural de las mujeres para notar los detalles pequeños y cambios en la apariencia y comportamiento de los otros. Un autor dice que, «es evidente para una mujer cuando otra está molesta o se siente lastimada, mientras que un hombre tiene que presenciar físicamente las lágrimas, una crisis nerviosa, o recibir una cachetada antes de que tenga alguna pista de que algo está pasando».[43]

De manera que no es de extrañar que cuando Walt y yo entramos a una reunión, puedo interpretar casi al instante la relación entre cada pareja que está en la sala. Puedo saber quién tuvo, o tiene una discusión; quién compite con quien; quién está feliz con quien y quién conquista a quien. Walt todavía trata de acordarse del nombre de la pareja que está sentada en aquel sillón. Yo no solo recuerdo sus nombres, también sé cómo se siente la mayoría de ellos.

Esta es una razón por la cual la mayoría de los hombres no puede mentirle a la mayoría de las mujeres. Si lo intentan, ellas se dan cuenta en una milésima de segundos. Por ejemplo, al comienzo de nuestro matrimonio, estábamos visitando varias iglesias para encontrar una iglesia local. El domingo, cuando Barb no estaba en la ciudad, concurrí a una iglesia que pensé era la apropiada para nosotros.

Al domingo siguiente la visitamos juntos. A Walt le encantó el pastor, la gente, la enseñanza y el compañerismo. Pero mi primera impresión fue agobiante ya que el pastor hablaba demasiado y se esforzaba por impresionarnos y demostrarnos que era superior. No confiaba para nada en él.

Unos años después, nos enteramos de que habían acusado a este hombre de plagiar sermones con frecuencia y llenar su hoja de vida con estudios y certificados que nunca obtuvo.

Nunca pude explicarle a Walt el origen de mi desconfianza y mi sospecha, pero fue una impresión de la que nunca dudé. La Biblia nos enseña que Dios «te dará un corazón sabio y prudente» e «inteligencia extraordinaria».[44]

Y la mayoría de las veces, esta sabiduría e inteligencia extraordinarias llegan al esposo a través de su esposa. Sabio es el hombre que entiende, aprecia y honra esta cualidad única que le ha sido dada a su esposa.

Tanto la mente de él como la de ella son diferentes en cuanto a la manera en que procesan. El cuadro 4 resume algunas de nuestras diferencias únicas.

Cuadro 4- Diferentes tipos de cerebro y procesamiento

Tipo de cerebro y procesamiento	El cerebro de él	El cerebro de ella
Tipo de cerebro	Muy sistematizado	Muy empático
Capacidad de compartimentar	Alta	Baja
Capacidad de multitarea	Baja	Alta
Capacidad de controlar las emociones	Alta	Baja
Tendencia a las relaciones	Baja	Alta
Tendencia a los proyectos	Alta	Baja
Capacidad de «perderse en su propio mundo»	Alta	Baja

Tipo de cerebro y procesamiento	La mente de él	La mente de ella
Respuesta al estrés	Lucha o huida; actúa primero, piensa después	Cuidado y ayuda; piensa y siente antes de actuar
Respuesta a los riesgos	Agresiva	Prudente
Respuesta al mismo sexo	Competencia	Cooperación

Recuerde que aquí hablamos de generalidades. Sabemos que pueden existir excepciones a la información que contiene el cuadro 4, incluso en *su* matrimonio. Tome nota de las excepciones, pero es probable que la mayor parte de estas diferencias se aplique a la mayoría de los hombres y mujeres y eso es bueno.

*U*na mujer usa su inteligencia para encontrar razones que justifiquen su intuición.[45]

Gilbert K. Chesterton

La doctora en medicina Louann Brizendine, observa: «Ser mujer es como tener unas antenas invisibles gigantes que se extienden al mundo, y que constantemente captan las emociones y necesidades de aquellos que están a su alrededor».[46] Entender esto me permite comprender y apreciar cómo Barb llega a sus conclusiones. Ahora sé que su cuerpo calloso más grande y su mayor volumen de materia blanca se combinan para darle un inmenso complejo de conexiones conscientes e inconscientes entre su cerebro derecho e izquierdo. Este extraordinario diseño le brinda a nuestro mundo esta especie de antenas que yo no tengo, es decir, un sistema de radar interno que ahora valoro y agradezco profundamente.

Referencias

1. Simon Baron-Cohen, «¿Es e l autismo un extremo de la condición masculina?», enviado el 9 de agosto del 2005, *The New York times: www.iht.com/ articles/2005/08!08/opinion/edharon.php,* 12 de abril del 2007.

2. Citado en Amanda Onion, «Científicos descubren diferencias sexuales en el cerebro: Controvertida investigación revela diferencias entre los hombres y las mujeres», enviado el 19 de enero del 2005, *ABC News http://abcnews. go.com/Technology/Health/story?id=424260,* 12 de abril del 2007.

3. Simon Baron-Cohen, «No pueden evitarlo», enviado el 17 de abril del 2003, *The Guardian: http://www.guardian.co.uk/life/feature/ story/0,,9379.13,00.html,* 25 de julio del 2007.

4. Ibid.

5. Adaptado de Hara Estroff Marano, «La nueva tarjeta de puntuación de los sexos: La mentes de los hombres y de las mujeres sí funcionan diferente- pero no en todo», enviado julio/agosto de 2003, *Psychology Today: www. psycholo gytoday.com/articles/pto- 20030624-000003.html,* 12 de abril del 2007.

6. Citado en Barbara y Allan Pease, *Why Men Don't Listen and Women Can't Read Maps: How We're Different and What to Do about It,* Basic Books, New York, 2000, p.102.

7. Anne Moir y David Jessel, *El sexo en el cerebro: la verdadera diferencia entre hombres y mujeres,* Dell, New York, 1992, p.7.

8. Citado en Pease, *Why Men Don't Listen, p.109.*

9. Shelly E. Taylor et al., «Respuestas comportamentales al estrés en las mujeres: De cuidado y ayuda, no de lucha y huida», *Psychological Review* 107, no. 3, 2000, p. 411-29.

10. Citado en Elizabeth Heubeck, «En qué difieren el cerebro del hombre y el cerebro de la mujer: Investigadores revelan diferencias sexuales en la forma y la función del cerebro», enviado el 11 de abril del 2005, *WebMD Feature: www.medicinenet.com/script/main/art.asp?articlekey=50512,* 12 de abril del 2007.

11. Helen S. Bateup et al., «Testosterona, cortisol y competencia en las mujeres», *Journal of Evolution and Human Behavior* 23, no. 3, 2002, p. 181-92. Ver también Helen Fisher, *The First Sex: The Natural Talents of Women and How They Are Changing the World,* Random House, New York, 1999, p.287; Anne Moir y Bill Moir, *Why Men Don't Iron: The Fascinating and Unalterable Differences Between Men and Women,,* Citadel, New York, 1999 , p.170-71.

12. Ver Susan Golombok y Robyn Fivush, *Gender Development,,* Cambridge Univ., Press, Cambridge, 1994, p. 164-65.

13. Ver Fisher, *First Sex,. p.29.*

14. Ver Steven E. Rhoads, *Taking Sex Differences Seriously,* Basic Books, San Francisco, 2004, p. 140.

15. Ver Kingsley R. Browne, «Sexo y temperamento en la sociedad moderna: Una visión darwiniana del techo de cristal y la desigualdad de los géneros», *Arizona Law Review* 37, no.. 3, 1995, 1024.

16. Ver Golombok y Fivush, *Gender Development, 164-65.*

17. Ver Eleanor E. Maccoby, *The Two Sexes: Growing Up Apart, Coming Together,* Mass.: Belknap, Cambridge, 1998, p.39; ver también Golombok y Fivush, *Gender Development, p.243.*

18. Ver Anemona Hartocollis, «Mujeres abogadas; la justicia es ciega. También la mujer», *The New York Times,* domingo 1 de abril del 2001, sección 4, página 3.
19. Citado en ibid.
20. Citado en ibid.
21. Rhoads, *Taking Sex Differences Seriously, p.156*
22. Citado en Browne, «Sexo y temperamento en la sociedad moderna», 1020, ver también Katherine Blick Hoyenga y Kermit T. Hayenga, *GenderRelated Differences: Origins and Outcomes,* (Boston: Allyn and Bacon, Boston, 1993, p.319.
23. *«Other studies show the»* ... Moir, *Why Men Don't Iron, p.173.*
24. Ver «'Dulces 16' senadoras hablan de defensa, Obama: La presentadora de GMA, Diane Sawyer, entrevista a políticos acerca de ser mujer en la política», enviado el 17 de enero del 2007, ABC News: *http://abcnews.go.com/GMA/ Politics/story?id=2801015,* 12 de abril del 2007.
25. Ibid., Senadora Maria Cantwell, D-Washington.
26. Ibid., Senadora Mary Landrieu, D-Louisiana.
27. Ibid., Senadora Dianne Feinstein, D-California.
28. Ibid., Senadora Claire McCaskill, D-Missouri.
29. Citado en Rhoads, *Taking Sex Differences Seriously,p. 144.*
30. James M. Dabbs y Mary Godwin Dabbs, *Heroes, Rogues, and Lovers: Testosterone and Behavior,* McGraw-Hill, New York, 2000, 5, 13-14,129-30,138-39; ver también Fisher, *First Sex, p.29.*
31. Citado en Ronald Kotulak, «Género y cerebro: Nuevas evidencias demuestran cómo las hormonas hacen que la mente de los hombres y las mujeres vean el mundo de maneras diferentes», *Chicago Tribune,* 30 de abril del 2006, *http:// www.rci.rutgers.edu/-shors/pdf/gender_brain_Apr30_2006.pdf, 1 de* agosto del 2007.
32. Citado en Moir, *Why Men Don't Iron, p.86.*
33. Michael Gurian, *What Could He Be Thinking? How a Man's Mind Really Works,* St. Martin's, New York, 2003, p.87.
34. Citado en G. B. Hall et al., «Diferencias sexuales en patrones de activación reveladas por mayores demandas de procesamiento emocional», *NeuroReport* 15, no.2, 9 de febrero del 2004, p.219-23; ver también J. D. Bremner et al., «Diferencias entre los géneros en las correlaciones cognitivas y neurales de la memoria de palabras emotivas», *Psychopharmacology Bulletin 35,* no. 3, verano del 2001, p.55-78.
35. Pease, *Why Men Don't Listen, p.135.*
36. Ver Onion, «Científicos descubren diferencias en el cerebro».
37. Shaunti y Jeff Feldhahn, *For Men Only: A Straightforward Guide to the Inner Lives of Women,* Sisters, Ore.: Multnomah, 2006, p.54.
38. Ver Bill y Pam Farrel, *Men Are Like Waffles- Women Are Like Spaghetti,* Eugene, Ore.: Harvest House, 2001.
39. Minna Antrim, *Brainy Quote: http://www.brainyquote.com/quotes/ quotes/m/ minnaantri386699.html,* 23 de julio del 2007.
40. Ver C. Hutt, «Bases biológicas de las diferencias sexuales psicológicas», ponencia presentada a la Sociedad Europea de Endocrinología pediátrica, Rotterdam, Los Países Bajos, junio de 1976.
41. Citado en Moir y Jessel, *Sexo en el cerebro, p.56.*
42. Ibid.

43. Pease, *Why Men Don't Listen, p.19.*
44. 1 Reyes 3:12; 4:29.
45. Gilbert K. Chesterton, *Brainy Quote: http://www.brainyquote.com/ quotes/ quotes/g/gilbertkc156951.html,* 23 de julio del 2007.
46. Citado en Elizabeth Weise, «Tal vez somos diferentes: Nuevo libro sostiene que el cerebro femenino esta creado para criar», enviado el 22 de agosto del 2006, *USA Today: www.usatoday.com/tech/science! discoveries/2006-08-21- female-brain_x.htm,* 12 de abril del 2007.

5

Capítulo

Diferencias en la manera en que nos comunicamos con nuestro mundo

El pastor Dave Stroder escribió una historia graciosa sobre cómo los hombres y las mujeres se comunican de diferentes maneras:[1]

> Mi esposa, Kristie, y yo íbamos para a un picnic de nuestras clases de domingo y esperábamos pasar un día divertido con otras personas de nuestra iglesia. Un día soleado, un asado delicioso, conversaciones alegres y, por supuesto, papas fritas. Nosotros estábamos encargados de eso, de llevar esas malditas papas.
>
> Cuando conducíamos hacia la fiesta en el convertible deportivo de mi esposa, nos detuvimos en un pequeño mercado para cumplir con nuestra tarea. Ella dijo algo sobre qué comprar y yo asentí con la cabeza.
>
> No recuerdo lo que dijo. Eso es porque no la escuché. Soy un hombre adulto, creo que puedo encargarme de elegir papas fritas.
>
> Regresé al auto, dejé la bolsa en la parte de atrás y me subí de un salto, preparado para disfrutar de un día adorable cuando mi esposa preguntó:
>
> —¿Qué tipo de papas compraste?
>
> —¿Eh?
>
> —¿Compraste las papas que yo te pedí?

—¿Me pediste que comprara de un tipo en especial?

—¡Nunca me escuchas! —dijo.

—¿Qué *importa* qué tipo de papas compré? ¡Son *papas!* Creo que soy capaz de comprar papas fritas —dije seguro de que con esta defensa ganaría mi argumento.

Pero no fue así.

Ella le puso más presión al tema.

Y ahí fue cuando tomé una decisión rápida:

—¡Déjame bajar acá mismo!

—¡No hay problema! —ella frenó violentamente.

Incluso antes de que el auto se detuviera, salté para liberarme de la discusión, del auto y de las papas fritas. Luego observé a Kristie alejarse a toda velocidad hacia nuestra casa.

¡Qué bien, ahora va a aprender!, pensé. Y luego miré a mi alrededor. Un consejo: Antes de exigir bajarse de un auto, verifique en dónde está exactamente. Mientras le echaba un vistazo al área, me di cuenta de que estaba parado en una ruta arbolada alejada de cualquier lugar. El picnic era en un bosque y no había civilización en un radio de diez millas.

Varias horas y cinco millas después, sudado, ampollado y seguro de que los pies y las piernas no me volverían a funcionar, llegué a casa. Aunque estaba todo en silencio, sabía dónde encontrar a mi esposa. Por supuesto, durmiendo en la cama. Esa era la manera habitual que ella tenía de procesar los conflictos.

Me quedé parado y la miré. Ya no estaba enojado, apenas si estaba consciente.

Se despertó lo suficiente como para devolverme la mirada. Yo me di cuenta de que ella tampoco estaba enojada. Entonces humildemente dije las dos palabras importantes: «Hazme lugar».

Agotado, me metí en la cama al lado de ella. Estaba

demasiado cansado como para hablar, pero estaba desesperado por volver a conectarme con ella. Permanecimos tendidos allí en silencio hasta que los dos nos hundimos en un sueño que necesitábamos mucho.

Cuando nos despertamos, Kristie dijo:

—Veo que llegaste bien a casa.

En esas palabras se vislumbraba un poco de compasión.

—Me llevó un tiempo.

Pausa.

—Pero necesitaba calmarme —admití finalmente.

—¿Te vio alguien? —una sonrisa apareció lentamente en su cara.

—No. Me las arreglé para esconderme entre unos arbustos antes de que la Toyota de los Wallaces girara en la esquina. Me corté. Corrí la manta para mostrar un corte hinchado y un área con moretones en la pierna.

—¡Ah, cariño! —exclamó mientras saltó para ponerse en acción.

Corrió al lavabo del baño, tomó una toalla de manos y corrió de regreso a la cama. Sonreí por lo rápido que le había ganado, hasta que me di cuenta de que estaba limpiando las sábanas en vez de interesarse por mi pierna.

Bueno, por lo menos estamos hablando, pensé un poco herido.

Luego supe que yo tendría que dar el primer paso para que nos reconciliáramos rápidamente. *Odio esta parte*, pensé y oré al mismo tiempo.

Y comencé:

—Escucha. Siento lo que pasó más temprano.

Preguntó:

—¿De qué te arrepientes? —me di cuenta de que no me iba a dejar escapar con una disculpa indefinida.

—¿Qué es exactamente lo que me estás pidiendo que perdone?

Bueno. Yo tenía que saberlo. ¿Qué tan difícil podía ser?

—Siento haber comprado las patatas fritas equivocadas —dije mientras ponía mis mejores ojos de cachorrito.

Su mirada se endureció. Levantó una ceja. Era evidente que yo me había equivocado en la respuesta.

—No, David, las patatas fritas no son el problema.

—Entonces, ¿cuál es el problema?

Afortunadamente, Kristie sabía que la frase «No tengo que decirte» no funciona con hombres sin ideas como yo. Necesito que me den una idea clara para entender un punto.

Entonces comenzó:

—Tú no escuchaste. Cuando ignoras mis sugerencias ... Me siento como si mis opiniones no fueran importantes para ti. Me siento como si yo no importara. No se trata de las papas fritas, se trata de la manera en que me valoras. Sí, las papas fritas es algo que me molesta un poco, pero yo te pedí específicamente algo y tú lo ignoraste con descaro.

Me senté un momento para poder asimilar sus palabras y luego repetí lo que había escuchado de una manera tan cuidadosa como pude.

—Entonces, ¿en realidad no tienes nada en contra de las papas con sabor a barbacoa? —ella asintió con la cabeza y esperó para ver qué más diría.

Respiré hondo.

—Entonces, ¿si solo te hubiera pedido que repitieras lo que dijiste, hubiera sabido lo que querías y, lo que es más importante, te hubiera demostrado respeto porque me hubiera tomado el tiempo para escucharte a ti y a tus opiniones?

Esperé el veredicto.

—*¿Lo entendí bien esta vez?* —pregunté.

Kristie no dijo nada. Ella aplaudió. Y una nueva sonrisa apareció en su cara. Ahora que la habían escuchado, rebobinó la cinta mental de lo que había pasado y se hizo cargo de su parte. —Yo también lo siento.

—¿En serio? ¿Qué cosa? Yo tampoco se lo iba a hacer fácil a ella.

—Exageré. Solo era una bolsa de papas fritas y yo lo convertí en un drama. Podría haber hablado contigo de eso después y haber apoyado tu elección de la barbacoa. A lo mejor te hice sentir que no te respetaba al tratarte como a un niño. Ahora nos perdimos el picnic y tú te lastimaste cuando caminaste a casa. —Finalmente usó la toalla en mi pierna.

—¿Me perdonarías? —Ahora era ella la que tenía ojos de cachorrito.

—¿Me perdonarías? —le pregunté.

—Por supuesto que sí —dijimos al mismo tiempo.

Cuando nos damos cuenta de lo diferente que funcionan nuestras mentes, no es sorpresa que la comunicación entre el esposo y la esposa pueda ser un desafío. «La falla en la comunicación (entre los géneros) es uno de los hechos básicos de la vida», escribe la Dra. Anne Moir. «Considerando nuestro nuevo entendimiento (de la mente de los hombres y las mujeres), parece absolutamente previsible que ellas se preocupen por la falta de comunicación de los hombres, porque el cerebro de ellos no está estructurado de esa manera».[2] El cerebro de ellas está diseñado para procesar y disfrutar de la comunicación verbal más que el cerebro de ellos.

¿Qué dijiste?
Nuestra biología marca la diferencia

Nosotros llegamos al mundo con diferencias ya marcadas en la manera en que escuchamos y hablamos. El efecto de la testosterona en los niños que todavía no han nacido cambia el cerebro de ellos y hace que éste tenga menos centros verbales y que los mismos estén menos conectados que en el cerebro de ellas. No debería sorprendernos que mucho antes las niñas demuestren ser más competentes en el lenguaje que los niños.

Podemos encontrar evidencias de estas diferencias desde que los niños y niñas son pequeños. No solo ellas pueden decir sus primeras palabras antes que los niños, sino que también tienden a elaborar oraciones más extensas. Estas distinciones son tan profundas que a los tres años las niñas promedio ya tienen el doble de vocabulario que los niños promedio, y la forma de hablar de ellas, comparada con la de los niños, es comprensible casi en un cien por ciento.[3]

Entonces, ¿qué ocurre en el cerebro que provoca estas diferencias? Las mujeres utilizan áreas específicas ubicadas en ambos lados del cerebro para funciones del lenguaje y del habla, mientras que los hombres tienden a usar solo un lado del cerebro (el hemisferio izquierdo) para tareas verbales. Este hecho se ha documentado en un estudio en el que voluntarios escuchaban un pasaje de una novela de John Grisham. El equipo utilizó imágenes por resonancia magnética para trazar un mapa de las áreas del cerebro que estaban más activas mientras escuchaban con calma. Descubrieron que las mujeres utilizaban ambos hemisferios de la corteza, mientras que los hombres solo el hemisferio izquierdo.[4] Conclusiones en otros estudios de imagen funcionales demostraron que cuando los hombres leen, solo una pequeña área del hemisferio izquierdo (el giro frontal inferior izquierdo) se activa. En las mujeres, ambos lóbulos frontales se movilizan y esta activación es mucho más difusa.[5]

Investigaciones sobre el impacto de los accidentes cerebro vasculares ayudan a certificar la importancia de estas diferencias en el procesamiento del lenguaje. Cuando las mujeres sufren daños por accidentes cerebro vasculares en cualquiera de los dos hemisferios, los resultados que obtienen en pruebas de vocabulario y fluidez verbal se ven muy poco afectados. Sin embargo, en los hombres ante la misma afección los resultados en vocabulario y fluidez verbal presentan problemas si se produce algún daño en el hemisferio izquierdo de ellos.[6]

Sobre el tema que tratamos, cabe hacernos una pregunta: ¿quiénes hablan más, los hombres o las mujeres? Barbara y Allan Pease afirman, sin citar ninguna fuente, que «las mujeres pueden hablar sin esfuerzo un promedio de 6.000 a 8.000 palabras por día. Ellas utilizan de 2.000 a 3.000 sonidos vocales adicionales para comunicarse, como también de 8.000 a 10.000 expresiones faciales, movimientos de cabeza y otras señales de lenguaje corporal. Esto les da una cantidad de más de 20.000 comunicaciones diarias…, mientras los hombres emiten solo de 2.000 a 4.000 palabras y de 1.000 a 2.000 sonidos vocales y hacen solo de 2.000 a 3.000 señales de lenguaje corporal. El promedio diario de los hombres suma aproximadamente 7.000 «palabras» para comunicarse, solo un poco más del tercio de lo que producen las mujeres».[7]

Encontramos muchas afirmaciones similares, con cálculos aproximados de que las mujeres usan entre 7.000 y 50.000 palabras por día y los hombres entre 2.000 y 25.000 palabras por día. Estos autores tienen dos cosas en común: primero, ellos afirman que las mujeres utilizan de dos a tres veces más vocablos por día que los hombres y segundo, no podemos encontrar ninguna investigación real que respalde estas afirmaciones.

Sin embargo, el sostener que las mujeres hablan más que los hombres puede tener su origen en leyendas urbanas. Un escritor que realizó la investigación llega a la conclusión de que: «No pude encontrar en ningún lugar evidencia de que alguien alguna vez haya apoyado estas afirmaciones simplemente por contar palabras o medir tiempos de habla».[8]

Un grupo que estudió este tema informó: «Se demuestra que la creencia muy aceptada de que las mujeres hablan más que los hombres no tiene respaldo en la literatura. De los estudios que se realizaron y analizaron la interacción entre los distintos sexos, la mayoría descubrió que los hombres hablaban más que las mujeres o que no había diferencia entre ambos».[9]

El estudio más reciente que se publicó mientras terminábamos este libro, se basó en investigadores que usaron grabadores digitales de voz durante un período de ocho años para contar cuántas palabras emitían 396 estudiantes universitarios durante un día promedio. Los alumnos llevaron los grabadores digitales que se activaban por voz y tomaron muestras de su discurso por varios días. El uso diario de palabras de ellos y ellas se calculó por el número de palabras grabadas. El estudio descubrió que tanto los hombres como las mujeres hablaron un promedio de cerca de 16.000 palabras por día.[10]

Sin embargo, los investigadores sí encontraron algunas diferencias comunicacionales entre los géneros, que tenían que ver con los temas que tocaban hombres y mujeres. Ellos hablaban más sobre tecnología y deportes, mientras que las mujeres conversaban más sobre sus relaciones. Los investigadores descubrieron que las mujeres usaban más pronombres como yo, ella y nosotros/nosotras, mientras que los hombres mostraron una tendencia a usar artículos como un/una y el/la. «Realmente refleja en qué están interesados e interesadas», dijo uno de los investigadores. «Solo se usan los artículos cuando se habla de cosas concretas. Las mujeres hablan sobre personas. Los hombres sobre herramientas y carburadores».[11]

El vínculo emocional

Si analizamos el habla, podemos decir que las mujeres son mejores porque lo disfrutan y practican mucho. Además, las conexiones neurales entre el procesamiento emocional y los centros de la memoria en ellas son más grandes, más activas y están mejor unidas al centro del habla del cerebro que en los hombres. Ellas son creadas para conectar recuerdos, palabras y sentimientos y, por lo tanto, sus conversaciones tienden a estar cargadas de emoción y significado.

No ocurre lo mismo en los hombres. El diseño biológico de ellos provoca que sea menos probable que identifiquen y comuniquen sus emociones. Con un hipocampo más pequeño, los hombres recuerdan menos experiencias emocionales que las mujeres. Además, las partes del cerebro de los hombres que procesan las emociones son más pequeñas y están menos conectadas que esas porciones en el cerebro de ellas. Por lo tanto, la habilidad de los hombres de sentir y expresar emociones está físicamente separada de la capacidad de expresar esas emociones en forma verbal. En las conversaciones, es menos probable que los hombres hablen sobre sus emociones (o incluso son menos capaces de hacerlo) y por lo general expresan menor cantidad de contenido emocional que las mujeres promedio. Esto explica por qué las conversaciones entre los hombres están llenas de hechos y carecen de emoción.

> $\mathcal{E}$ste rechazo que los hombres tienen por los sentimientos y por comunicar emociones tiene una raíz biológica. En ellos, la capacidad de sentir está en un grado superior que en las mujeres, separada físicamente de su capacidad de expresar. Es decir, los centros emocionales del cerebro de los hombres están ubicados más separados que en las mujeres.[12]
>
> **Dra. Anne Moir**

Cuando Barb está disgustada o preocupada por algún tema, ella quiere hablar con alguien. Cuando yo estoy disgustado, no preciso hacerlo verbalmente. Necesito pensar, no hablar. Cuando nos enfrentamos a situaciones emocionales o problemas por resolver, la mente de Barb ha sido creada para hablar con otras personas, mientras que mi mente lo fue para hablar conmigo mismo.

Encefalogramas funcionales demuestran que cuando los hombres quieren comunicarse con alguien, el hemisferio izquierdo de ellos se vuelve activo, como si buscara un centro verbal pero no pudiera encontrarlo. Como consecuencia, los esposos no son tan capaces verbalmente como las esposas. Además, las áreas de procesamiento cortical que los hombres utilizan para resolver adivinanzas o problemas tienden a ser las mismas que las mujeres usan para el procesamiento emotivo.[13]

Entonces, cuando los hombres tienen que manejar un proyecto, problema, estrés o emoción, generalmente están muy callados. Debido a que usan el cerebro derecho para resolver problemas o encargarse de las emociones, es difícil que los hombres usen el cerebro izquierdo para escuchar o hablar. El cerebro compartimentado de ellos está creado para hacer cosa por cosa. Es difícil que resuelvan un problema y hablen al mismo tiempo. Los encefalogramas demuestran que cuando los hombres están sentados en silencio, sus cerebros descansan o ellos «están manteniendo una conversación consigo mismos».[14]

La mayoría de las mujeres encuentra esto incomprensible, e incluso aterrador, si no se dan cuenta de que esta es la manera en que la mente de los hombres ha sido creada para que funcione. Ocurre casi lo opuesto con la mente de ellas. En este caso la mente no descansa *nunca* y, cuando ellas tienen que manejar un problema, no solo quieren hablar, sino que *necesitan* hacerlo. Sus conversaciones con otras personas le permiten reducir el estrés y discutir el problema. Es importante que los hombres se den cuenta de que cuando ellas hacen esto, no necesariamente buscan una solución de la misma manera en que ellos lo harían.

Mientras escribíamos este libro ocurrió un hecho que citamos a manera de ejemplo. Durante una tormenta de nieve tardía de primavera, tomamos un recreo para beber una taza de café y pasar un tiempo mirando los copos de nieve grandes y esponjosos que caían. Una cantidad de cosas pasaban por mi mente: ¿Terminaríamos el libro a tiempo?, ¿A quién contrataría para hacer las divisiones en nuestra nueva casa?, ¿A quién le pediría que nos ayude a mudarnos?, ¿Era demasiado oscuro el color que habíamos elegido para el comedor? Estaba segura de que a Walt también le pasaban muchas cosas por la mente. Entonces le pregunté:

—¿En qué estás pensando?

—En nada —respondió.

Me sorprendió porque estaban pasando tantas cosas en nuestras vidas. Estaba segura de que él tenía que estar pensando en algo. Yo sé que siempre tengo algo en mi mente o, de hecho, varias cosas. Pero él solo estaba ahí sentado, pensando en nada y disfrutando de la nieve.

La mente de él y la de ella perciben el mundo de manera diferente y se comunican de formas distintas. Hablamos y escuchamos diferente. Queremos expresar cosas distintas con lo que decimos. Como resultado, una diferencia comunicacional significativa se puede producir entre nosotros y dividirnos si no somos conscientes de las diferencias con las que hemos sido creados y por qué existen. Para eliminar esta diferencia comunicacional, necesitamos comprender no solo cómo expresamos lo que decimos, sino también lo que escucha el cerebro del otro.

Llegar a reconocer y comprender nuestras diferencias comunicacionales y de lenguaje nos ha permitido a Barb a mí sonreír y reír más a medida que nos esforzamos por construir un matrimonio más fuerte. En el próximo capítulo, compartiremos algo de lo que hemos aprendido sobre cómo eliminar este abismo de manera exitosa.

Referencias

1. Dave Stroder, «Las repercusiones de las patatas fritas», Marriage *Partnership*, otoño del 2005, *Christianity Today: http://www.christianitytoday.com/mp/2005/003/5.50.html*, 24 de Julio del 2007, usado con permiso.
2. Anne Moir y David Jessel, *El sexo en el cerebro: la verdadera diferencia entre hombres y mujeres*, Dell, New York, 1992, p.128.
3. Citado en Barbara y Allan Pease, *Why Men Don't Listen and Women Can't Read Maps: How We're Different and What to Do about It*, Broadway Books, New York, 2000, p.70.
4. Citado en Michael Phillips et al., «Activación temporal del lóbulo demuestra diferencias basadas en los sexos durante la audición pasiva», *Radiology* 220, no. 1, julio del 2001, p. 202-7.
5. Citado en B. A. Shaywitz et al., «Diferencias entre los sexos en la organización funcional del cerebro para el lenguaje», *Nature* 373, no. 6515, 16 de febrero de 1995, p.607-9; ver también A. M. Clements et al., «Diferencias entre los sexos en la lateralidad cerebral del lenguaje y el procesamiento visuoespacial», *Brain and Language* 98, no. 2, agosto del 2006, p.150-58.
6. Ver Doreen Kimura, «Diferencias entre los sexos en el cerebro: los hombres y las mujeres muestran patrones de diferencias de comportamiento y cognitivas que reflejan influencias hormonales distintas en el desarrollo del cerebro», enviado el 13 de mayo del 2002, *Scientific American: http://sciam.com/print_version.cfm?articleID=00018E9* D - 879 D -1 *D06 - 8E49809 EC5 8 8EED F, 12 de abril del* 2007.
7. Pease, *Why Men Don't Listen* ,p. 80-81.
8. Mark Liberman, «presupuestos léxicos ligados al sexo», *http://itre.cis.upenn.edu/-myl/languagelog/archives/003420.html*, 1 de agosto del 2007.
9. Deborah James y Janice Drakich, «Comprender las diferencias entre los géneros en la cantidad de habla: un repaso crítico de las investigaciones», en *Gender and Conversational Interaction*, ed. Deborah Tannen, Oxford Univ. Press, New York, 1993, p.281-312.
10. Citado en Matthias R. Mehl et al., «¿Realmente hablan más las mujeres que los hombres?», *Science* 317, julio del 2007, p.82.
11. Citado en Nancy Shute, «Habladora Cathy, hablador Charlie: ¡sorpresa! Un estudio revela que los hombres hablan tanto como las mujeres», *US News and World Report: http://www.usnews.com/usnews/news/articles/070708/16talk.htm*, 1 de agosto del 2007.
12. Moir y Jessel, *El sexo en el cerebro*, p.136.
13. Ver Michael Gurian, *What Could He Be Thinking? How a Man's Mind Really Works*, St. Martin's, New York, 2003, p.92-93.
14. Pease, *Why Men Don't Listen*, p.78.

6

Capítulo

Decodificación de nuestras diferencias comunicativas

Es natural que una mujer quiera hablar de sus sentimientos y emociones con el hombre de su vida. También es cierto que este hombre evite en lo posible conversaciones largas, en especial si estas se centran en las emociones. Dados estos puntos de partida opuestos, no debe sorprendernos que la insatisfacción más común de una mujer en el matrimonio, al menos después de algunos años, sea que su esposo no conversa como ella necesita.[1]

Las estadísticas de esta problemática brecha comunicativa son sorprendentes:

- El noventa y nueve por ciento de la mujeres quieren que el hombre hable más de sus propios «pensamientos personales, sentimientos, planes, emociones y preguntas».[2]
- El setenta y cuatro por ciento de las mujeres que trabajan dicen que la desilusión más grande con sus esposos es que «son reacios a hablar, en particular al final del día»[3]
- El ochenta y uno por ciento de las mujeres dijeron que ellas tienen que iniciar la mayoría de las conversaciones y que la pasan muy mal tratando que los hombres expresen sus pensamientos más íntimos.[4]

Como es de suponer, la sensibilidad de una mujer a esta brecha comunicativa tiene un origen biológico, la hormona relajante de la felicidad y de los vínculos afectivos llamada oxitocina. Esta hormona obliga a una mujer a encontrar otras personas con quienes pueda «hablar a fondo», porque hacerlo le hace sentirse bien y le ayuda a aliviar el estrés y las tensiones. «Conversar con el esposo es importante principalmente porque intensifica los sentimientos afectivos e íntimos que ella anhela en su relación con él.

*A*sí como el marido encuentra agradable el sexo en sí mismo, la esposa necesita conversar. Como en la mayoría de las mujeres, esto le hace sentir un amor más romántico por él porque puede compartir intensamente su vida con su esposo. La atmósfera que esto crea contribuye bastante a la felicidad de ella. El hombre que se toma tiempo para hablar con una mujer estará en una posición de ventaja en el corazón de ella.[5]

Dr. Willard F. Harley

Sin embargo, si la esposa espera que su esposo sea el único que le provea de relaciones y conversaciones ricas en oxitocina, es probable que se sienta rechazada y bastante sola. Puede que ella espere que su esposo esté dispuesto a satisfacer todas sus necesidades emocionales y conversacionales, pero él no está creado así.

Su mente está formada para ver la conversación como el medio para un fin, mientras que la mente de ella está creado para ver la conversación como un fin en sí mismo. Las mujeres establecen vínculos afectivos mediante la conversación y brindan apoyo al escuchar a otros. En parte, se definen a ellas mismas por la calidad de sus relaciones y conversaciones. Es decir que, para una mujer, hablar no es opcional, aunque su esposo no haya sido creado con la misma necesidad o capacidad para escuchar.

Científicos descubrieron que la mente de ella no solo está diseñada para escuchar con más agudeza, sino que una mujer puede usar hasta seis «expresiones auditivas» en su rostro en un período de conversación de diez segundos.[6] Cualquier cosa que una mujer diga o escuche, lo que siente se refleja en su rostro. Las expresiones faciales de ellas comunican los sentimientos hasta tal punto que cuando dos mujeres hablan la una con la otra, puede ser muy difícil darse cuenta quién está compartiendo y quién está respondiendo.

Por otro lado, los hombres tienden a escuchar casi sin usar expresiones faciales. Sin embargo, el hombre que aprende ambas cosas, a escuchar a su esposa y a reflejar con sus expresiones faciales lo que ella siente, creará vínculos afectivos muy fuertes con su esposa. Es posible que a los hombres «les inhiba la posibilidad de usar expresiones faciales al escuchar, pero le trae grandes beneficios a quien se vuelve experto en este arte».[7]

Barb y yo llegamos a comprender estas diferencias y aprendimos a amarnos el uno al otro al entender cómo cada uno de nosotros nos comunicamos. Cuando Barb y yo escribíamos este libro, por ejemplo, también buscábamos una casa nueva. Barb llevaba la delantera en la búsqueda de casas candidatas y durante el proceso algunas veces se sentía estresada o bajo presión. Cuando se encontraba así, necesitaba tiempo para hablar.

Para mí, hablar de todas las casas disponibles que estaba mirando era muy gratificante, y Walt era lo suficientemente sabio para escucharme. No quería ni necesitaba que él presionara con su modo habitual de solucionar problemas. Solo necesitaba hablar y estar abrazados hasta quedar tranquila y relajada de nuevo.

Me sentí afortunada de que Walt hiciera eso ya que muchos esposos consideran que escuchar a sus esposas representa una pérdida de tiempo. Después de todo, los hombres están creados para arreglar cosas, concluir proyectos y seguir adelante. Walt también está formado de esta manera. Cuando se siente estresado, hace algo como ordenar sus herramientas, salir a dar un paseo, jugar al solitario en la computadora o mirar un partido en la televisión. Y él también ha aprendido que cuando yo estoy estresada, quiero y necesito hablar.

Es aconsejable que los esposos y las esposas entiendan y presten atención a estas diferencias comunicativas. Puede ser muy gratificante desarrollar estrategias para comunicarse mejor. No tiene sentido que las mujeres supongan o se imaginen que los hombres se comunican de la misma manera que ellas.

> *P*rotestar contra la masculinidad innata de los hombres es tan provechoso como hacerlo contra el tiempo, o la existencia del Himalaya. Creemos que es más razonable colocarse un impermeable y abandonar los planes de arrasar con el Everest. [8]
>
> **Dra. Anne Moir**

Los hombres hablan el lenguaje de las acciones

A Barb y a mí nos ha sido útil aprender que el hombre está creado para transformar las «emociones en ideas que puedan procesarse de manera segura»[9] Los altos niveles de testosterona y vasopresina en el hombre hacen que su respuesta a los factores estresantes sean la solución de problemas. De manera que el cerebro de un hombre y las hormonas lo obligan a responder a las emociones y al estrés ya sea al hacer o arrreglar algo. Lo hacen actuar, ser agresivo, dominante y tomar decisiones.

La Dra. Anne Moir describe cómo esto afecta la forma en que un hombre intenta comunicarse con su esposa: «El lenguaje de los hombres usa más el vocabulario de la acción, es decir, hacer cosas, compartir actividades, expresar sentimientos con regalos, favores y cortesía física. Abrir la puerta o cargar las bolsas de comida no es una simple gesto de cortesía; es el masculino de «Te quiero».[10]

Cuando una pareja no comprende esta dinámica, pueden existir malos entendidos, como le ocurrió a una pareja amiga de recién casados.

La esposa se quejaba porque su marido no demostraba que la quería. La respuesta de él fue plantar flores y cortar el césped. Ella todavía no estaba contenta, así que decidió pintar la sala de estar.

Como eso no ayudó, él compró entradas para el partido de los Denver Broncos. No podía imaginarse una cita más divertida para los dos que ir a un partido de fútbol profesional. Cuando le informó sobre las entradas, ella se quebró en llanto. Él permaneció boquiabierto y reaccionó en tono defensivo. En breve aparecieron en nuestra casa en medio de una seria discusión.

Mientras hablábamos quedó claro que cortar el césped y pintar fueron intentos por demostrarle a ella cuanto la amaba. Las entradas para los Bronco fueron el toque final, lo mejor que se le pudo ocurrir para estar junto a su mejor amiga, su esposa. Ella no tenía idea de que las acciones de él eran expresiones de amor y cariño y se sentía frustrada porque él parecía desconocer que lo que ella más deseaba era que él se sentara y la escuchara.

> *P*ara probar su amor por ella, él escaló la montaña más alta, cruzó a nado el océano más profundo y atravesó el desierto más extenso. Pero ella lo abandonó porque él nunca estaba en casa.[11]
>
> **Barbara y Allan Pease**

Al comienzo de nuestro matrimonio, Barb y yo luchábamos de manera similar. Cuando ella hablaba de los desafíos a los que se enfrentaba, yo pensaba que me daba una lista de problemas que esperaba yo resolviese. Cuanto más hablaba, más incómodo me sentía. Escucharla por largos períodos era incómodo y desagradable. ¿Por qué? Porque los hombres no están creados para escuchar a las personas hablar *ad infinitum* de problemas, estamos creados para hacer algo con ellos.

A las mujeres les gusta el lenguaje de las relaciones

Si bien me encanta que Walt aprenda día a día lo importante que es hablar conmigo y escucharme, también entiendo que el designio de mi Creador es que yo encuentre otras mujeres con quienes pueda establecer relaciones y vínculos emocionales. Yo necesito y disfruto de conversaciones prolongadas, algo para lo que Walt no ha sido creado.

Me alivió entender que no estaba dotado o creado para satisfacer todas las necesidades emocionales de Barb. Ambos necesitamos que ella tenga relaciones significativas y gratificantes con otras mujeres. De hecho, investigadores han descubierto que las parejas tienen mejores matrimonios cuando las esposas compensan la falta de conversación con sus esposos al tener amigas mujeres.[12]

Para mí es importante tener tiempo para relacionarme con otras mujeres. Las amigas y el compañerismo son fundamentales para mi salud emocional.

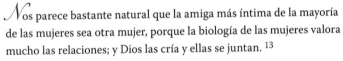

*N*os parece bastante natural que la amiga más íntima de la mayoría de las mujeres sea otra mujer, porque la biología de las mujeres valora mucho las relaciones; y Dios las cría y ellas se juntan. [13]

Dra. Anne Moir

Barb y yo somos excelentes amigos, y lo fuimos durante treinta y siete años. Sin embargo, por alguna razón, siempre comprendí que Barb necesitaba amigas con quienes pudiera hablar e interactuar. Pude comprobar que esto fue positivo no solo para ella sino también para nuestra relación y matrimonio. Me doy cuenta de que muchos de los hombres que aconsejo no comprenden este principio básico de la mente de él y la de ella, es decir, que una mujer necesita poder hablar con otras mujeres para estar sana emocionalmente. Aún así, esta verdad no me ha dejado escapar de la necesidad de querer aprender cómo hablarle y escuchar a Barb cuando ella me necesita.

Siempre alenté a Walt para que dedique más tiempo a hablar conmigo y él aprendió a expresarme sus sentimientos más profundos. Sin embargo, fue más provechoso para mí aceptar nuestros diseños únicos e intentar satisfacer con otras mujeres muchas de mis necesidades de conversación. Porque es bien cierto que la mujer que trata de cambiar el diseño de su esposo por lo general termina sintiéndose más sola porque él no está dotado para satisfacer por completo la necesidad emocional de ella de tener conversaciones prolongadas.

*N*ada menos que la seguridad de ella y la salud de su relación y de su familia pueden depender de que ella establezca relaciones basadas en la oxitocina ... mujeres con quienes pueda desarrollar su propio mundo emocional y por ende descomprimir la relación con su pareja.[14]

Michael Gurian

Decodificación del lenguaje indirecto

Las mujeres no usan el lenguaje tan literal como los hombres. Para ellas, las definiciones precisas son irrelevantes porque es lo que sienten lo que más les importa. Por eso las licencias poéticas y la exageración no son poco comunes en el repertorio del discurso de una mujer. Las mujeres, de hecho, son expertas en el lenguaje indirecto, conversación que rebosa de emoción y significado.

El lenguaje indirecto casi nunca es un problema cuando se usa con otra mujer. El tipo de lenguaje que una mujer utiliza a menudo incluye clasificadores como «una especie de», «como», «algo», «¿podría?» «un poco», «siempre» y «todo» —y muchos otros. Ellas instintivamente comprenden el verdadero significado de lo que otra mujer quiere decir cuando utiliza este tipo de lenguaje. Estas palabras establecen una buena relación entre las mujeres. Pero puede ser catastrófico si las utilizan los hombres.

Ellos son mucho más directos, concretos y objetivos en la comunicación. Debido a que los hombres tienden a usar solo un centro verbal que está muy poco conectado con el centro de procesamiento emocional, tienden a utilizar menos palabras y oraciones más cortas para comunicarse. Los hombres interpretan y usan las palabras literalmente. «Diga lo que piensa y crea en lo que dice» es un mantra que la mayoría de los hombres utiliza. Cuando ellos hablan, este lenguaje casi nunca es un problema. Nuestro discurso tiende a incluir clasificadores como «ninguno», «absolutamente», «nunca», «¿puede?» y «cuando» entre otros. Este lenguaje puede ser problemático cuando un hombre habla con una mujer.

Lo que las mujeres dicen y lo que piensan

A los hombres que se enorgullecen de decir lo que piensan, les confunde y desconcierta el lenguaje indirecto que utilizan las mujeres. Para ayudar a los hombres, se hacen las siguientes observaciones en un comentario humorístico acerca de la diferencia entre lo que las mujeres dicen y lo que piensan:

- Cuando una mujer dice «Está bien», es una de las afirmaciones más peligrosas que ella puede hacerle a un hombre. «Está bien» significa que ella necesita pensar mucho antes de vengarse por lo que sea que usted le haya hecho. En un futuro próximo usted estará en grandes problemas.[15]
- Cuando una mujer dice «Bien», es la palabra que usa para dar por terminada una discusión cuando ella cree que tiene razón y que usted debe callarse. Jamás utilice «Bien» para describir como luce una mujer.

- Cuando una mujer dice «Cinco minutos»; significa «media hora». Equivale a los cinco minutos que durará el partido de fútbol antes de que usted saque la basura, así que están a mano.
- Cuando una mujer dice «Nada»; esto significa «algo» y usted debería estar alerta. «Nada» se usa para describir cuando una mujer quiere desconcertarle. «Nada» normalmente significa que la discusión durará «cinco minutos» y terminará con la palabra «bien».

¿Cómo se lleva a cabo en nuestras vidas la batalla de la comunicación directa contra la indirecta? Aquí está un ejemplo de algo que ocurre en nuestro matrimonio todas las semanas. La basura se recolecta los martes por la mañana. Hay una serie de afirmaciones que podría usar cada lunes por la noche. La lista va de indirecta (con más probabilidad de que la use y la entienda yo) a directa (con más probabilidad de que la use y la entienda Walt). Quizá oiga ecos de conversaciones que ocurren en su casa:

☙ *¿Tienes ganas de sacar la basura esta noche?*
☙ *¿No sería bueno que se sacara la basura esta noche?*
☙ *¿Crees que se tenga que sacar la basura?*
☙ *Por favor, ¿sacarías la basura?*
☙ *¿Sacarías la basura?*
☙ *¡Saca la basura ahora!*

Walt podría contestar literalmente «sí» a cada una de las tres afirmaciones y sin siquiera moverse o sacar la basura a pesar de que está feliz de hacerlo por mí.

De modo que cuando Barb me pregunta «¿Puedes sacar la basura?» Suelo interpretar las palabras literalmente. Por supuesto que puedo sacar la basura. Tengo suficiente fuerza. Sé cómo hacerlo. Así que responder a su pregunta con un sí en realidad no satisface su necesidad ni contesta su pregunta.

Puedo elegir ponerme furiosa o enojarme, o protestar; o puedo elegir comunicarme de una forma que él pueda oír lo que quiero decir. Para mí lo más fácil es usar un lenguaje más directo con él.

Consejos cotidianos para sortear la brecha comunicativa

La buena noticia para los hombres es que no se espera que respondamos a la necesidad de nuestras mujeres de hablar de ninguna otra forma excepto escuchando. ¡Una vez que haya terminado de hablar, ella se sentirá mejor con el mundo, sus problemas, con ella misma y con usted! Entonces amigo usted se preguntará «¿Cómo sé si ella quiere que yo solucione algo o simplemente que escuche?» Bien, haga lo que mejor le salga. ¡Sea directo! ¡Pregúntele! Cuando ella empiece a desahogarse, pregúntele «Amor, ¿quieres que te escuche o quieres un consejo? ¡Ella estará encantada de responderle!»

Y esposas no olviden que sus esposos comprenden claramente la comunicación directa. Algunas veces le digo a Walt «Necesito que me escuches como Jennifer, Marian, Kathleen o Penny».

¡Hasta yo puedo entender eso!

Si estoy trabajando en la oficina, ayuda si Barb me hace saber cuándo quiere hablar y por cuánto tiempo. Ella me dirá algo como «Oye, amor, ¿estarás desocupado para tomarte un descanso en media hora más o menos? ¡Esto es genial de parte de Barb! Que me dé la hora, el lugar y un plan le viene bien al diseño de mi mente y me hace sentir que me aprecia. Debido a que mi mente sistematiza, compartimenta y maneja mejor cosa por cosa, la primera regla para tener éxito cuando habla con un hombre es ¡Mi amor, no lo compliques!

¿Cuál es mi secreto para ayudar a Walt a que me escuche? Es bastante fácil:

❧ *Haga una cita. En el desayuno puede decirle «Mi amor, ¿esta noche después de cenar podemos hablar de nuestros planes para las vacaciones?»*

❧ *Déle una agenda. Puede decirle: «Quiero hablar contigo sobre cuándo es el mejor momento para programar el arreglo del auto».*

❧ *Hágale saber que hay un límite de tiempo».*

❧ *Permítale saber si quiere una solución al asunto que están tratando o si necesita que él la escuche.*

❧ *Asegúrese de que él solo escuche una entrada auditiva (sin hijos hablando, sin televisor a todo volumen ni radio prendida).*

❧

Si quiere comunicarse con su esposo, no interrumpa cuando él habla. Muchas de las mujeres no se dan cuenta de esto, pero los hombres solo interrumpen cuando están siendo competitivos o agresivos.

*Esto puede ser difícil para nosotras las mujeres porque cuando hablamos con nuestras amigas, lo hacemos todas al mismo tiempo sobre diversos temas. Hacerlo estimula nuestra mente, nos hace amigas y consolida nuestras relaciones. Mi participación activa les indica a las otras mujeres que ellas me agradan y que las acepto. Esto **no** funciona cuando hablo con Walt. Con las mujeres, uso mi lenguaje femenino; con Walt, tuve que aprender a usar el lenguaje de él.*

Por último, las mujeres necesitan comprender que cuando un hombre permanece callado, no es un signo de que algo anda mal. La buena noticia para las mujeres es que cuando el hombre no habla, normalmente todo anda bien en su relación. De hecho, brindarle la tranquilidad que él necesita puede consolidar su relación. Cuando esté listo, él hablará.

A medida que Barb y yo comenzamos a entender los diferentes diseños de la mente masculina y femenina, aprendimos a comunicarnos más eficazmente. Descubrimos lo que cada uno necesita y la manera de comenzar a satisfacer las necesidades del otro. Aprendimos a apreciar y negociar nuestros métodos de comunicación únicos. Trabajamos en esto como pareja, y las dificultades en la comunicación entre hombres y mujeres que pueden debilitar tantos matrimonios en realidad ayudaron a fortalecer nuestro matrimonio.

Una comunicación sana y buenas relaciones sexuales son fundamentales para cualquier buen matrimonio. Vimos cómo tanto la mente de él como la de ella se comunican de diferente manera; ahora pongamos atención al sexo y el cerebro.

Referencias

1. Citado en Barbara y Allan Pease, *Why Men Don't Listen and Women Can't Read Maps: How We're Different and What to Do about It*, Basic Books, New York, 2000, p.197.
2. Citado en Anne Moir y David Jessel, *Sexo en el cerebro: la verdadera diferencia entre hombres y mujeres*, Dell, New York, 1992, p.135 -36.
3. Pease, *Why Men Don't Listen, p. 83.*
4. Citado en Moir y Jessel, *Sexo en el cerebro, p.135 -36.*
5. Willard F. Harley Jr., *His Needs, Her Needs: Building an Affair-Proof Marriage*, Revell, Grand Rapids, 2001, p.69.
6. Citado en Pease, *Why Men Don't Listen, p. 94.*
7. Ibid.
8. Moir y Jessel, *Sexo en el cerebro, p. 128.*
9. Michael Gurian, *What Could He Be Thinking? How a Man's Mind Really Works,,* St. Martin's, New York, 2003, p.93.
10. Moir y Jessel, *Sexo en el cerebro, p.136.*
11. Pease, *Why Men Don't Listen, p.136.*
12. Citado en Janice M. Steil, *Marital Equality: Its Relationship to the Well-Being of Husbands and Wives*, Thousand Oaks, Calif.: Sage, 1997, p.214.
13. Moir y Jessel, *sexo en el cerebro, p.128.*
14. Gurian, *What Could He Be Thinking? p.93.*
15. Adaptado de «Lo que las mujeres dicen y lo que piensan», *Funny 2: http://www.funny2.com/women.htm*, 1de agosto del 2007.

TERCERA PARTE

COMPLEMENTOS *Perfectos*

EL IMPACTO EN LAS RELACIONES

7
Capítulo

SEXO EN LA MENTE

¿CUÁL ES EL ÓRGANO SEXUAL MÁS IMPORTANTE EN LOS SERES humanos? Aunque no lo crea, ¡es su mente!

Probablemente no le sorprenda saber que cuando hicimos esta pregunta, las mujeres contestaron correctamente. ¿Qué respuesta piensa que dieron los hombres? ¡Lo adivinó!

El cerebro es el órgano más erótico de todos. Es donde se origina el instinto sexual y donde se gesta el deseo sexual. El centro de control sexual de los hombres en el sistema límbico, especialmente el hipotálamo, es mucho más grande que el de las mujeres y muy sensible a la hormona testosterona. Debido a que los hombres tienen un hipotálamo más grande que el de las mujeres y de quince a veinte veces más testosterona circulando que estimula el deseo sexual en ellos, no es sorpresa que el instinto sexual en los hombres sea tan potente. Las mujeres tienen un nivel de testosterona menor y un hipotálamo más pequeño y, por lo tanto, el instinto sexual de ellas no es tan potente como en los hombres.

Estas diferencias biológicas básicas son solo el comienzo de las muchas maneras en que la mente de él y el de ella funcionan diferentes en lo que se refiere al sexo:

- Los hombres tienden a estar orientados físicamente; las mujeres tienden a estar orientadas emocional y relacionalmente.
- A los hombres los estimulan las imágenes y lo visual; a las mujeres las estimulan los sentimientos, aromas, tacto y palabras.
- Los hombres pueden iniciar relaciones sexuales en cualquier momento y lugar; las mujeres inician relaciones sexuales con menos frecuencia.
- Los hombres responden sexualmente rápido y es difícil distraerlos mientras mantienen relaciones sexuales; las mujeres responden más lento y es más fácil distraerlas.
- Los hombres necesitan tener orgasmos para sentir satisfacción sexual; las mujeres no.
- El orgasmo en los hombres es corto, intenso, solitario y está orientado físicamente; el orgasmo en las mujeres es más lento, más intenso, múltiple (al menos en potencia) y está orientado emocionalmente.

A pesar de estas diferencias extremas, el sexo es una parte necesaria y muy aconsejable en un matrimonio sano. Cuando las relaciones sexuales son saludables, las parejas tienen la posibilidad de dar y recibir placer sexual y también el beneficio de una conexión emocional y espiritual esencial. El sexo puede aumentar o disminuir el acercamiento, la intimidad y el sentido de conexión. Sin embargo, cuando estas diferencias no se respetan y las necesidades sexuales no se satisfacen, se pueden ocasionar conflictos matrimoniales. En pocas palabras, el sexo es un lazo poderoso que puede unir o separar; puede «crear o romper una relación matrimonial»[1], especialmente si los hombres y las mujeres no comprenden la manera en que la mente de él y la de ella han sido creadas. El Dr. Willard Harley ha observado lo siguiente: «Las esposas típicas no comprenden la profunda necesidad que tienen sus esposos de tener relaciones sexuales de la misma manera en que los esposos típicos no entienden la gran necesidad que sus esposas tienen de recibir afecto».[2]

Los hombres son como hornos microondas, las mujeres como ollas de cocción lenta

El deseo sexual en los hombres puede encenderse de manera casi instantánea. Como si cocinara en un horno de microondas, si presiona el botón correcto, en segundos el contenido estará caliente, humeante y listo.

El deseo sexual en las mujeres es un poco diferente. Las enormes conexiones entre el sistema límbico, emociones y conexiones verbales de ella, además de la sensibilidad de su piel al tacto, de sus oídos a los sonidos y de su olfato a las aromas, le provocan que tome temperatura como una olla de cocción lenta. ¡Puede que tarde más en calentar, pero una vez que lo hace, puede cocinar por un largo rato!

Para un hombre, con solo agregar una imagen visual o un pensamiento a su testosterona siempre lista, ya está «preparado para comenzar». Desde el inicio de las relaciones hasta el orgasmo, a los hombres promedio les lleva dos minutos y medio. Para las mujeres, el promedio es de trece minutos.[3]

El deseo sexual en las mujeres se produce por una gran cantidad de factores emocionales que incluyen, el acercamiento, confianza, lugar seguro, caricia apropiada, aroma agradable y palabras correctas. Todos estos factores producen una liberación de sus hormonas sexuales. El cerebro y las hormonas de ella la preparan para conversaciones, abrazos, criar hijos y crear lazos afectivos. Debido a este diseño, el deseo sexual en las mujeres se puede ver muy afectado no solo por los acontecimientos de su día, sino también por las acciones y actitudes de ellos hacia ellas durante las horas, los días, las semanas o los meses previos.

> *L*as mujeres somos creadas para responder a lo que olemos, oímos y sentimos. Por eso, queremos a los hombres que tienen palabras suaves, manos lentas y un aroma sexy. Ansiamos que nos toquen de manera suave y delicada mientras nos susurran «cosas dulces» a los oídos de manera cariñosa y sensible.
>
> **Barb Larimore**

La mente de ellas necesita tiempo y que le hablen antes, durante y después de tener relaciones sexuales. Esto se debe a que las palabras son muy importantes para la mente de ellas. El procesamiento del lenguaje está profunda e íntimamente unido al centro emocional y al deseo sexual. Para las mujeres, el sexo necesita anticipación, preparación y una atmósfera correcta, física y emocionalmente. Los hombres que comprendan que ellas requieren de un acercamiento suave y lento al sexo en un ambiente seguro y tranquilo e intentan satisfacer esas necesidades serán recompensados por la inversión.

Mientras que ellas necesitan escuchar palabras de afecto y seguridad antes de tener relaciones sexuales, ellos precisan hablar muy poco. De hecho, el cerebro de ellos está tan dividido que cuando comienzan a tener sexo, hablan muy poco, si es que hablan. Esta falta de conversación durante las relaciones sexuales puede hacer que las mujeres piensen que sus esposos no están interesados en ellas, sino solo en el sexo. La verdad es que son ambas cosas. Durante las relaciones sexuales, los hombres usan su cerebro derecho. Encefalogramas funcionales durante relaciones sexuales (sí, en realidad investigan esto) demuestran que «ellos están tan concentrados en lo que hacen que están casi sordos»[4] ¡No es sorpresa que no hablen!

Sin embargo, los hombres pueden reaccionar a algunos comentarios mientras hacen el amor: «Eso se siente muy bien», «Un poco más lento» o sencillamente «Ooh» o «Ahh». Pero si se intenta comenzar una conversación mientras mantienen relaciones sexuales, ellos tendrán que cambiar del cerebro derecho al centro del lenguaje en el cerebro izquierdo, y eso sería como frenar violentamente un auto de carreras e ir marcha atrás. Las mujeres pueden tener sexo y hablar al mismo tiempo con éxito, pero la mayoría de los hombres no puede hacerlo.

Aunque los hombres pueden estar casi sordos durante las relaciones sexuales, las mujeres no. Ellas pueden procesar muchas entradas auditivas del entorno mientras mantienen relaciones sexuales. Por lo tanto, aunque los hombres pueden tener sexo casi en cualquier lugar como por ejemplo en una habitación con paredes finas, en el exterior, en una habitación con la puerta abierta o sin llave; la mayoría de las mujeres no se siente segura en estos ambientes. Y si ellas están incómodas, tendrán problemas para tomar temperatura y tener relaciones sexuales.

Jim, un esposo nuevo al que aconsejaba, aprendió este importante principio durante su luna de miel. Luego de que regresaron a casa, Jim me dijo: «Aunque estábamos en una suite privada con la puerta de entrada cerrada con llave, ella no podía hacer el amor a menos que la puerta que conectaba la habitación con nuestra sala de estar privada estuviera cerrada. ¡Incluso la puerta que conectaba la habitación con el baño tenía que estar cerrada!». ¡Eso es la química del cerebro femenino en funcionamiento!

Ellos se disgustan, ellas duermen

Para los hombres, el sexo puede significar una liberación y conducir a relaciones.

Para las mujeres que están estresadas y extenuadas después de trabajar durante ocho horas o perseguir niños o hacer gestiones durante todo el día, la hora de irse a la cama es la hora de descansar, la hora de dormir.

El deseo sexual de ellos es «¡al ataque!».

Ellas están preparadas para descansar.

Ellos hacen el intento.

Ellas no están de humor.

Ellos se quejan de que ellas son insensibles y poco cariñosas, o algo peor.

Ellas piensan que ellos son insensibles y poco cariñosos, o algo peor.

Ellos se disgustan y se cierran emocionalmente.

Ellas duermen.

Los hombres responden a lo que ven, las mujeres responden a lo que sienten

Si ellas les sugieren a los hombres que no miren el físico, curvas o piernas largas de una mujer hermosa, sin exagerar, equivale a pedirles que no respiren. De muchas maneras, la mente de ellos está creada para responder a la figura de mujeres atractivas de la misma manera que lo hace cuando ven una computadora asombrosa, un auto espectacular o un televisor pantalla plana llamativo.

Sabido es que cuando las mujeres ven que sus hombres se dan vuelta para mirar a otra mujer que presume en la calle, ellas tienden a sentirse mal con ellas mismas (*yo nunca me podría ver así, ella es mucho más linda que yo)*, o tienen pensamientos negativos hacia sus esposos *(desvergonzado, ¿la prefieres a ella antes que a mí?)*. Sin embargo, la verdad es que a los hombres les llaman la atención las mujeres bellas.

Si esto ocurre cuando Barb y yo caminamos juntos, la miro y le digo: «Ni siquiera juega en tu equipo querida».

Cuando Walt hace esto, me hace sentir segura de nuestra relación y de inmediato, disminuye cualquier amenaza que yo pueda sentir. Entonces, le digo: «Aprecio que no te la comas con la mirada en público».

Lo cierto es que los hombres se estimulan y excitan con lo que ven, especialmente con el cuerpo femenino desnudo. Esta es parte de la razón por la que el setenta y seis por ciento de los hombres quiere tener sexo con la luz encendida (mientras que lo mismo ocurre solo con el treinta y seis por ciento de las mujeres).[5] Es ventajoso que las esposas les brinden a ellos muchas oportunidades privadas de verlas desnudas para que las imágenes que se graben en las amígdalas y el hipocampo sean solo las de ellas.

Por otro lado, las mujeres no se excitan por ver a sus esposos desnudos. Esto no significa que no quieran verlos, sino que la manera de llegar al corazón de ellas es a través de lo que sienten y perciben, y no de lo que ven. Lo que las motiva son las palabras de amor y los sentimientos. La mayoría de las mujeres prefieren tener sexo con las luces apagadas, y muchas cierran los ojos durante las relaciones sexuales, como si «esto se ajustara a la perfección al equipo sensorial sintonizado de ellas».[6]

Después de la actividad sexual, el aumento de oxitocina en las mujeres las vuelve más sensibles a los abrazos, aromas, susurros, caricias suaves y conversaciones. Los hombres que les regalen esto a sus esposas hacen que otros químicos llenen el cerebro de ellas, a saber: la dopamina provoca sentimientos de bienestar en las mujeres, la feniletilamina (FEA) y la endorfina aumentan el sentimiento de amor de ellas y la serotonina acrecienta su sentimiento de seguridad y estabilidad emocional.[7] Para muchas mujeres, los sentimientos de acercamiento, calidez, seguridad, intimidad y afecto pueden ser tan satisfactorios como un orgasmo.

Tener sexo o hacer el amor, ¿realmente importa?

Es importante saber que la manera en que los hombres y mujeres piensan sobre el sexo también es diferente. Cuando los esposos piensan en sexo con sus esposas, *no* incluyen «relaciones plenas, elaboración emocional, tramas complicadas, coqueteos, noviazgos y juegos preliminares muy largos».[8] Solo imaginan el acto sexual.

Por lo general, los hombres pueden tener sexo o hacer el amor. Para ellos, las dos cosas terminan en orgasmo.

Sin embargo, la mayoría de las mujeres prefiere «hacer el amor» a «tener sexo». Experimentar y dar amor provoca en ellas una ráfaga orgásmica de químicos que las motivan a hacer el amor porque así se sienten amadas y apreciadas.

Los hombres no tienen que amar cuando hacen el amor. Ya sea que se den cuenta o no, a veces quieren tener sexo solo para liberar estrés. El cerebro de ellos responde al estrés y a la emoción con una respuesta física (opuesto a la respuesta emocional o verbal de las mujeres). De la misma manera, los hombres que luchan contra algún problema, a menudo descubren que el sexo alivia la intensidad de sus conflictos y emociones.

Ante este escenario, las esposas se pueden sentir resentidas y tal vez no quieran tener sexo, especialmente antes de que los juegos preliminares las exciten. Sin embargo, el desear tenerlo es lo que ellos necesitan para solucionar sus problemas.

*E*xisten pocos problemas que los hombres puedan tener que el buen sexo no pueda solucionar.[9]

Barbara y Allan Pease

Sin importar el motivo, la mayoría de los hombres reflexionan sobre el sexo mucho más que sus esposas. De hecho, casi tres veces más hombres que mujeres piensan en sexo por lo menos cada treinta minutos.[10] Un estudio nacional descubrió que el setenta por ciento de los hombres meditan acerca del sexo todos los días, lo que duplicó el índice de treinta y cuatro por ciento entre las mujeres. Además, el cuarenta y tres por ciento de los varones piensan en sexo varias veces por día, mientras que solo el trece por ciento de las mujeres lo hace.[11] Otro estudio determinó que solo el diecinueve por ciento de ellas piensan en sexo todos los días o varias veces por día, mientras que el catorce por ciento de las mujeres lo piensan menos de una vez por mes.[12]

Dígale a un hombre que el sesenta y siete por ciento de las mujeres piensan en sexo solo pocas veces por mes (o como mucho pocas veces por semana) y él le mirará como si usted tuviera dos cabezas, ¡para ellos ese número no se calcula!

*L*as mujeres quieren tener mucho sexo con el hombre que aman, mientras que los hombres quieren tener mucho sexo.[13]

Dr. Glen Wilson

Para desear tener sexo, los hombres solo necesitan llegar a casa y ver a sus esposas. Pero cuando las esposas piensan en sexo con sus esposos, los pensamientos de ellas están llenos de «detalles sobre sus compañeros y el entorno».[14] Entonces, es importante que los esposos y esposas aprendan a comunicarse entre ellos sus deseos y expectativas para tener sexo o hacer el amor.

Que los hombres les pidan a las mujeres que respondan sexualmente a las imágenes o pensamientos, como hacen ellos, es pedirles que hagan algo que está fuera de su diseño y naturaleza. Nosotras, las esposas, les podemos dar a nuestros esposos la receta para una vida sexual increíble, ¡pero ellos tienen que estar dispuestos a tomarse el tiempo para preparar la comida, poner la mesa, encender las velas y disfrutar de varios platos! Si los hombres intentan zambullirse primero en el postre, ellos pueden terminar quedándose con hambre.

Los hombres disfrutan del sexo, las mujeres disfrutan de la intimidad

Los hombres, solo porque sus esposas no busquen tener sexo con la misma intensidad que ellos, no deben cometer el error de pensar que ellas no están interesadas en tener intimidad sexual. Un estudio nacional descubrió que siete de cada diez mujeres dijeron que las relaciones con sus esposos y lo que ellos sentían estaba en la mente de ellos en algún lugar entre «a menudo» y «la mayoría del tiempo».[15] Significa entonces que, mientras ellos a menudo piensan en buscar tener sexo, ellas piensan en ser buscadas. De hecho, ocho de cada diez esposas manifestaron que ellas preferirían querer tener sexo tanto como sus esposos (y entre las mujeres felizmente casadas, ese deseo era casi del cien por ciento).[16]

Sin embargo, debido a que el cerebro de ellas tiene menos niveles de «hormonas sexualmente enérgicas» que el cerebro de ellos, por lo general tienen menos deseos de *buscar* tener sexo. La Dra. Theresa Crenshaw escribe: «El deseo sexual agresivo se controla no solo por la testosterona, como piensa la mayoría de las personas, sino también por la vasopresina, DHEA, serotonina, dopamina y LHRH. El deseo sexual receptivo, «ha sido ignorado por completo ... Receptivo no significa necesariamente pasivo, sino disponible y, tal vez dispuesto pero sin la iniciativa para buscar tener sexo».[17]

> *E*sto no quiere decir que ellas no quieran tener sexo, o que no lo disfrutarían una vez que ocurra, sino que buscarlo no está en la mente de ellas.[18]
>
> **Jeff y Shaunti Feldhahn**

Es importante que los hombres conozcan acerca de estos hechos, en especial si sus esposas leen novelas románticas. Por ejemplo, en Estados Unidos una de cada tres mujeres lee libros que relatan historias de amor. La mayoría de los hombres con los que hablo no tienen ni idea de que las novelas románticas forman parte del cuarenta por ciento de todas las ventas de libros del mercado masivo.[19] Para aquellos de ustedes que no han leído este tipo de literatura recientemente (¡o nunca!), la fórmula del éxito no ha cambiado por décadas, ya que crean historias de intimidad, romance y relaciones: «Es solo amor. Todo el tiempo. Obtener amor, mantener el amor y hacer el amor».[20]

Desde la A hasta casi la Z (menos unos pocos)

¿Cuál es el secreto para preparar a su esposa para que desee tener sexo con usted?[21] Aquí presentamos una lista adaptada de los autores Barbara y Allan Pease:

Agregue accesorios – admita – anticipe – atienda – presuma – cuide – acaricie – soporte – vista – halague – consuele – abrace – defienda – muera por – sueñe con – establezca lazos – entretenga – excite – fascine – recuerde cosas – perdone – satisfaga – siga la corriente – idolatre – consienta – haga masajes – huela – agradezca – mime – llame por teléfono - apacigüe – elogie – proteja – saboree – fantasee – santifique – dé serenatas – bese – tranquilice – consienta – apriete – estimule – apoye – atormente – provoque – confíe – adore.

> ¿Cuál es el secreto para preparar a su esposo para que desee tener sexo con usted?
>
> Llegue desnuda con una pizza.¡Solo es una broma! ¡La pizza es opcional!

Si bien las mujeres suelen agregar más sentimientos a la intimidad sexual que los hombres, hay un momento especial en que a ellos les es más fácil entrar en contacto con lo que sienten por sus esposas, y es *después* de tener relaciones sexuales. Esto está relacionado con la hormona oxitocina, la hormona del abrazo que las mujeres necesitan *antes* de tener relaciones. En los hombres los niveles mayores de oxitocina se producen *después* de tener intimidad sexual. Los Peases escriben lo siguiente: «Luego de que los hombres han tenido buen sexo, el lado femenino y más suave de ellos emerge. Pueden escuchar pájaros cantar, les afectan los colores de los árboles, pueden sentir el perfume de las flores y hasta emocionarse con la letra de una canción. Previo a tener sexo, quizás notan los pájaros solo porque ensuciaron su auto. Los hombres necesitan comprender que este lado que lucen después del sexo es el que las mujeres quieren ver y encuentran maravillosamente seductor».[22]

Las esposas prefieren observar este lado de sus esposos antes de un acercamiento sexual. Verlos así las estimula a tener ganas de hacer el amor. Y mientras más trabajen con sus esposos para lograr buen sexo, más a menudo verán este lado de ellos.

*E*s lamentable que la mayoría de las aventuras comiencen como consecuencia de la falta de afecto hacia las esposas y la falta de sexo hacia los esposos. Ellas no reciben suficiente afecto y entonces los aíslan sexualmente. Ellos no tienen sexo y lo último que quieren es ser afectuosos.[23]

Dr. Willard F. Harley

En tanto, los hombres necesitan aprender el arte de acercarse y complacer el diseño sexual de sus esposas. Para la mayoría de los hombres, una aproximación lenta al sexo no ocurre de manera natural. Muchos de nosotros no sabemos de que nuestras esposas fueron creadas para responder a «la atención, elogios, mimos y mucho tiempo»[24], ¡esta es la manera en que sus hornos han sido creados para que tomen temperatura!

Lo significativo es que a las mujeres les encanta abrazar. En muchos países y culturas, las mujeres abrazan y les encanta que las abracen.[25] Entre mujeres nos abrazamos; abrazamos a nuestros hijos; abrazamos a los hijos de otras personas; abrazamos a las mascotas, a nuestros parientes e incluso a los animales de peluche. Abrazar, oír (escuchar) y pasar tiempo con ellas es lo que las mujeres dicen que los hombres necesitan hacer más para demostrar afecto. Este puede contribuir a encontrar el deseo de intimidad de ellas. Cuando Walt toma tiempo para brindarme estos regalos, él hace una inversión en mi cuenta de ahorros emocional.

Si los hombres dicen que no pertenecen a la categoría de «tipos afectuosos» o que no les gusta usar el tiempo para abrazar y escuchar a sus esposas pero insisten en que ellas satisfagan sus necesidades sexuales, habrá un problema serio. Es muy probable que no exciten a sus esposas y que de hecho terminen sin satisfacer las necesidades de él y de ella. El Dr. Willard Harley escribe: «En lo que respecta al sexo y al afecto, no se puede tener uno sin el otro».[26]

Casi todos los hombres necesitamos algunos consejos sobre cómo ser más afectuosos. En gran parte de los matrimonios, las esposas son las mejores profesoras, al menos si ellos se acercan de la manera correcta. Para mí, esto significó explicarle a Barb lo mucho que la amaba y confesarle que a menudo no podía expresarle mi profundo amor e interés hacia ella de la manera apropiada. Luego, tuve que pedirle que me enseñara cómo ella necesitaba que yo le manifestara afecto. Estas son algunas de las acciones sencillas que ella sugirió que hiciera para reflejar mi amor y afecto hacia ella:

- Abrázame a diario.
- Bésame suavemente y dime que me amas.
- Si puedes escaparte de tu ocupada agenda, llámame para que tengamos un encuentro.
- Ora a diario por mis necesidades específicas (y ora también conmigo todos los días). Demuéstrame tu afecto hacia mí, de maneras apropiadas, en presencia de nuestros hijos.
- Comparte las cosas buenas y malas de tu día conmigo para que yo pueda orar por ti de manera efectiva mañana.
- Camina en el patio conmigo, sosteniéndome la mano. Disfruta de las puestas de sol conmigo.
- Ama y pasa tiempo con nuestros hijos.
- Comparte la cena con nosotros, sin importar lo ocupado que estés.

La bestia necesita una bella

Cuando los hombres buscan una compañera para toda la vida, les interesa en especial la belleza, cómo se ve ella. Y no solo eso, porque la mente de los hombres promedio se estimula sexualmente por sugerencias visuales y está creado para la variedad. Aunque la mayoría de las mujeres sabe que a los hombres les excita la ropa y lencería sensual, ellas no tienen idea de lo poderoso que es esto.

*P*edirles a los hombres que no se motiven con signos de belleza, juventud y salud es como pedirles que no sientan que el azúcar es dulce.[27]

Dr. David M. Buss

A través de IRM funcional, investigadores examinaron los cerebros de hombres jóvenes mientras observaban imágenes de mujeres hermosas. Descubrieron así que la belleza femenina afecta el cerebro de ellos en un nivel importante, comparable a lo que obtienen las personas hambrientas de una buena comida o las adictas de una dosis.[28] Uno de los investigadores dijo: «esto es un sistema de circuitos muy explícito. No es una respuesta condicionada». Otro llegó a la conclusión de que: «los hombres aparentemente no pueden hacer nada acerca de sus sentimientos placenteros ante la presencia de la belleza».[29]

Como esposa, yo quiero ser la única en brindar la variedad a la que la mente de Walt está diseñado para responder. ¡No quiero que él se sienta tentado a mirar más allá de mí!

Barbara y Allan Pease cuentan la historia de cómo antes de Navidad en las tiendas las secciones de lencería están llenas de hombres avergonzados que caminan con timidez intentando encontrar regalos sensuales para sus esposas. Y continúan con el siguiente comentario:

> En enero, esas mujeres hacen fila en el mostrador de devoluciones de las mismas tiendas. «Sencillamente esta no soy yo», dicen. «¡Quiere que me vista como prostituta!». Sin embargo, la prostituta es una vendedora de sexo profesional que estudió las demandas del mercado y está preparada para hacer una venta. Un estudio realizado en Estados Unidos de América demostró que las mujeres que usan variedad de lencería erótica tienen hombres mucho más fieles al lado que las mujeres que prefieren ropa interior blanca de algodón.[30]

Como esposa de Walt, quiero verme reluciente, no solo porque me hace sentir bien conmigo misma, sino porque sé que es importante para Walt. Tener una compañera atractiva es una de las necesidades primordiales de un hombre y yo quiero que Walt continúe encontrándome atractiva.

Las esposas inteligentes prestan mucha atención respecto a cómo se ven. El Dr. Willard Harley da dos razones importantes:

1 Cuando ella se ve bien, él se siente bien ... y la mayoría de los hombres tienen necesidad de tener esposas atractivas. Ellos no aprecian a las mujeres solamente por las cualidades interiores. También valoran la apariencia de ellas.[31]
2 Usted satisface una necesidad emocional de él sobre cómo se ve ... El atractivo de las esposas es generalmente un ingrediente esencial para el éxito del matrimonio y las mujeres que por cualquier motivo ignoren esto, corren peligro.[32]

La bella necesita romance

Para la mayoría de las esposas, el afecto y el romance fortalecen sus matrimonios porque ambos simbolizan seguridad, protección, comodidad y aprobación, y todo esto es esencial para las mujeres.

El Dr. Harley escribe: «Cuando los esposos les muestran afecto a sus esposas, ellos envían el siguiente mensaje:

- Cuidaré de ti y te protegeré.
- Eres importante para mí y no quiero que nada te pase. Me interesan los problemas que tienes y te acompaño.
- Creo que has hecho un buen trabajo y estoy muy orgulloso de ti.

Los hombres deben comprender lo mucho que las mujeres necesitan estas afirmaciones. Para las esposas típicas, estas afirmaciones pocas veces son suficientes».[33]

Las demostraciones románticas de afecto ayudan a construir la confianza de las mujeres en el amor que sus esposos sienten hacia ellas. El Dr. Steven Rhoads escribe: «Los expertos en sexo dicen que para que las mujeres disfruten sexualmente, deben relajarse por completo. Confiar en sus parejas parece ser importante para que ellas tengan experiencias placenteras».[34] Entonces, no es sorpresa que sea más probable que las mujeres casadas informen sobre la satisfacción sexual más que las mujeres que viven en pareja.[35] Y el sexo se perfecciona en las relaciones maritales. De hecho, las mujeres dicen que la práctica sexual es mejor dos años después del matrimonio de lo que fue durante los primeros meses.[36]

Respecto a las mujeres que viven en pareja, solo el siete por ciento que ven a sus parejas como «propuestas relativamente cortas» dice que ellas están «muy satisfechas físicamente» con el sexo. Incluso de las mujeres que viven en pareja y que esperan que sus relaciones sean duraderas pero no desean casarse, solo el once por ciento dice que el sexo es extremadamente satisfactorio.[37] Sin lugar a dudas, la posibilidad de un compromiso para toda la vida estimula la satisfacción y frecuencia sexual en las mujeres.[38]

Sin embargo, las esposas o esposos que están estresados o tienen conflictos, aquellos que se sienten inquietos, preocupados o enojados por varios motivos no sexuales de la relación, tendrán más dificultad para estar interesados sexualmente y para excitar a sus esposos o esposas, en especial si la otra persona es la fuente del conflicto o la infelicidad.[39]

También esta comprobado que las personas que no están conformes con la cantidad o calidad del sexo en la relación pueden asimismo sentir insatisfacción en otros aspectos del matrimonio. Cualquiera sea la dirección de la relación entre la sexualidad y la satisfacción, la mayoría de los investigadores coinciden en que los dos están íntimamente relacionados. El sexo mutuamente gratificante, junto con la comunicación efectiva sobre los deseos y preferencias sexuales, está claramente relacionado con la satisfacción sexual.[40]

En este sentido, aprender a comunicarle a su esposo o esposa sus deseos sexuales y lo que le gusta y disgusta no solo puede aumentar la intimidad sexual sino también evitar que el resentimiento, rencor e ira crezcan en su matrimonio. Existe una firme correlación entre lo felices que son los dos en la habitación y lo felices que son en general en su matrimonio.[41]

¿Felices en la habitación?

A continuación les ofrecemos algunas preguntas importantes a fin de provocar el inicio de una conversación sobre la relación sexual entre esposos:

1 ¿Qué es lo que más disfrutas de nuestra vida sexual? ¿Qué te complace? ¿Qué es lo que te hace sentir mejor y más cómodo?

2 ¿Qué lo haría mejor para ti? ¿Qué te haría sentir más cómodo?

3 ¿Cuál es tu idea sobre un encuentro sexual romántico «perfecto»? Qué puedo hacer yo para ser más romántico contigo?

4 ¿Cómo puedo ser un mejor amante? ¿Cómo puedo convertirme en un mejor compañero sexual?

5 ¿Cuando estamos en intimidad, alguna vez te sientes como un objeto sexual? ¿Qué te hace sentir de esa manera? ¿Cómo puedo cambiar eso?

6 ¿Cómo te sientes con respecto a la frecuencia con que hacemos el amor? ¿Cómo podemos satisfacer las necesidades sexuales del otro, incluso cuando nuestro apetito sexual sea diferente?

7 ¿Qué barreras necesitaremos superar para que los dos estemos satisfechos con nuestra vida sexual? ¿Qué aspectos de nuestra relación afectan nuestra vida sexual? ¿Cómo podemos comenzar a romper esas barreras?[42]

¿Es el sexo fundamental para una relación matrimonial feliz? Claro que sí, ya que tanto la mente de él como el de ella son creados de tal manera que el sexo gratificante aumenta el lazo matrimonial en la pareja. ¿Podría lograr este «sexo en la mente» que los dos sexos experimenten ser en realidad creados por Dios? De manera enfática, decimos «¡Sí!». Y este es el tema de nuestro próximo capítulo.

Referencias

1. «Enriquecimiento del matrimonio: resolución de conflictos», *North Carolina State University: www.ces.ncsu.edu/depts/fcs/human/pubs/fcs-466-4.pdf,* 12 de abril del 2007.
2. Willard F. Harley Jr., *His Needs, Her Needs: Building an Affair-Proof Marriage,* Grand Rapids: Revell, 2001, p.49.
3. Citado en Barbara y Allan Pease, *Why Men Don't Listen and Women Can't Read Maps: How We're Different and What to* Do *about It,* Broadway Books, New York, 2000, p.203-4.
4. Ibid., p.215.
5. Citado en ibid., p220.
6. Ibid.
7. Citado en ibid., p.226.
8. Bruce J. Ellis y Donald Symons, «Diferencia entre los sexos en las fantasías sexuales: un enfoque psicológico evolucionario», en *Human Nature: A Critical Reader,* ed. L. Betzig, Oxford Univ., Press, New York, 1997, p.544.
9. Pease, *Why Men Don't Listen, p.213.*
10. Citado en ibid., p.194.
11. Citado en Gary Langer, Cheryl Arnedt y Dalia Sussman, «Encuesta en vivo en horario central: investigación sobre el sexo en Estados Unidos de América: un vistazo por debajo de las sábanas», enviado el 21 de octubre del 2004, *ABC News: http://abcnews.go.com/Primetime/ News/story/id=156921&page=.1,* 21 de julio del2007.
12. Citado en «Preguntas frecuentes sobre el sexo», *Indiana University: http:// www.indiana edu/-kinsey/resources/FAQ.html,* 1 de agosto del 2007.
13. Citado en Anne Moir y David Jessel, *El sexo en el cerebro: la verdadera diferencia entre hombres y mujeres,* Dell, New York, 1992, p.134.
14. David C. Geary, *Male, Female: The Evolution of Human Sex Differences,* American Psychological Association, Washington, DC, 1998, p.146.
15. Citado en Shaunti y Jeff Feldhahn, *For Men Only: A Straightforward Guide to the Inner Lives of Women,* Sisters, Ore.: Multnomah, 2006, p.30-31.
16. Ibid., p.130.
17. Citado en ibid., p.128.
18. Citado en Ibid., p.128.

19. Citado en Karlyn Bowman, «Poll Pourri: Amor dulce amor», *Women's Quarterly,* Invierno, p.13.
20. Ross D. Parke y Douglas B. Sawin, «El rol del padre en la infancia: una revaloración», *Family Coordinator* 25, no. 4, 1976, p.365-71.
21. Adaptado de Pease, *Why Men Don't Listen, p. 212.*
22. Ibid., p.211.
23. Harley, *His Needs, Her Needs, p.43.*
24. Pease, *Why Men Don't Listen, p. 212.*
25. Ver Harley, *His Needs, Her Needs, p.39.*
26. Ibid., p.40.
27. David M. Buss, *La evolución del deseo,* Basic Books, New York, 1994, p.71.
28. John Stossel, «Apariencias: la horrible verdad sobre la belleza. Les guste o no, las apariencias sí importan», enviado el 23 de agosto del 2002, *ABC News: http:// abcnews.go.com/2020/story?id=123853,* 12 de abril del 2007.
29. Citado en Steven E. Rhoads, *Taking Sex Differences Seriously,* Encounter Books, San Francisco, 2004, p. 59.
30. Pease, *Why Men Don't Listen, p.203.*
31. Harley, *His Needs, Her Needs, p.112.*
32. Ibid., p.118-19.
33. Ibid., p.38.
34. Rhoads, *Taking Sex Differences Seriously, p.110-11.*
35. Ver Linda J. Waite y Kara Joyner, «Satisfacción emocional y placer físico en las uniones sexuales: el horizonte del tiempo, comportamiento sexual y exclusividad sexual», *Journal of Marriage and Family* 63, no. 1, 2001, p.247-64.
36. Citado en William R. Mattox Jr., «Felicidad marital», *American Enterprise,* mayo/junio de 1996, p.45 -46.
37. Waite y Joyner, «Satisfacción emocional y placer físico».
38. Citado en Rhoads, *Taking Sex Differences Seriously, p.112.*
39. Citado en «Sexo marital-Creencias sobre la sexualidad marital, frecuencia sexual, la caída de la frecuencia sexual con el paso del tiempo, prácticas y preferencias sexuales», *Marriage and Family Encyclopedia: http://family. jrank. org/pagesI1109/Marital-Sex.html,* 12 de abril del 2007.
40. Citado en Rhoads, *Taking Sex Differences Seriously, p.112.*
41. Ver Gail Saltz, «¿Satisface los apetitos de su amante?», *MSNBC: http://www. msnbc.msn.com/idI14301124/,* 1 de agosto del 2007.
42. Adaptado de Tim Gardner y Amy Gardner, «Lo básico sobre sexo», enviado en otoño de 1999, *Christianity Today: www.christianitytoday.com/ mp/9m3/9m3056.html,* 12 de abril del 2007.

Capítulo

EL SEXO POR DESIGNIO DE DIOS

MI AMIGO ROB ME DIJO QUE PENSABA QUE ÉL HACÍA UN BUEN trabajo como esposo. Trabajaba mucho, mantenía a su esposa e incluso jamás se le había ocurrido tener una aventura amorosa. Todos le decían a Rebecca lo afortunada que era con un esposo tan bueno como Rob. En realidad, desde afuera nadie podía ver lo que acontecía en su matrimonio.

Si bien Rebecca tenía todo lo que quería, comprándolo con el dinero que Rob ganaba con el sudor de su frente, a ella le molestaba que su esposo trabajara tantas horas. A veces hasta se sentía como una madre soltera. Cuando Rob estaba en casa, era el momento en que él se relajaba. A la hora de acostarse siempre quería tener sexo, pero nunca procuraba hablar con ella, abrazarla o mimarla.

Hacía mucho tiempo que había dejado de ser cariñoso con Rebecca. Ella ni siquiera recordaba la última vez que él le dijo que la amaba. «Ella sabe que la amo», me dijo Rob. «Me casé con ella, ¿o no?».

Con el tiempo, la soledad se acentuó en el matrimonio de Rebecca.

A Rob le molestaba el hecho de que su esposa parecía no valorar el trabajo y sacrificio que él hacía por la familia. A medida que los niveles de estrés aumentaban en él, también crecía su necesidad de tener sexo. Y Rebecca casi siempre lo rechazaba.

En este caso, a pesar de que no hay maltrato ni adulterio que desgasten la relación, el matrimonio de Rebecca y Rob es vulnerable a una aventura amorosa o divorcio. El vínculo matrimonial se ve afectado porque Rob no se ocupa de las necesidades de Rebecca y ella se niega a tener intimidad sexual. El daño causado por la relación física disfuncional es sutil e imperceptible, y afecta la salud emocional, espiritual y matrimonial de ellos. Lo positivo es que puede evitarse.

Rob y Rebecca no han practicado los principios bíblicos que Dios diseñó para ayudar al hombre y la mujer a estrechar la distancia sexual que existe entre ellos. ¡Sí, eso *es*, principios *bíblicos!*

Si Rob aprendiera y demostrara a diario el designio divino para satisfacer las necesidades sexuales de su esposa y si ella hiciera lo mismo, entonces su matrimonio podría fortalecerse y volverse más gratificante de lo que ellos podrían imaginar. Sin embargo, si continúan ignorando los propósitos de Dios para su matrimonio, este podría correr verdadero peligro.

¿Hay sexo en la Biblia?

¡Sí, efectivamente! ¡Y mucho!

Nuestro Creador sabe todo sobre sexo y es parte de su designio divino para el matrimonio. Es su regalo para nosotros, porque sabe cuán fuerte puede ser el instinto sexual que él inventó, ya que diseñó una relación para que el sexo funcione lo mejor posible, es decir, la relación matrimonial entre un hombre y una mujer[1]. El sexo en el matrimonio es bueno, puro y[2] tiene dos fines: la reproducción[3] y el placer.[4]

Si usted tiene dudas acerca de cuánto tiene para decir la Biblia sobre sexo, intente leer Cantar de los cantares. El libro completo está dedicado a una encantadora y alegre descripción del amor sexual entre un esposo y una esposa.

El joven esposo en Cantar de los cantares mira a su esposa y exclama:

> *Tu estatura es semejante a la palmera,*
> *Y tus pechos a los racimos.*
> *Yo dije: subiré a la palmera,*
> *Asiré sus ramas.*
> *Deja que tus pechos sean como racimos de vid,*
> *Y el olor de tu boca como de manzanas, y tu paladar como el buen vino.*[5]

¡Sí, créalo! ¡Es sexo, sexo y sexo! Si usted lee lo que este libro de la Biblia dice sobre el tema, le prometemos que no volverá a pensar en un jardín, palmeras o el amor de la misma manera.

El sexo es un don increíble que Dios nos ha dado para alegrar nuestras vidas. Después que él observó todo lo que había hecho, incluyendo el sexo, consideró que era «muy bueno».[6] Dios formó la mente de él y la de ella para que disfruten el uno del otro sexualmente en el matrimonio.[7] La relación sexual entre los esposos es utilizada por Dios como un precioso diseño para describir cómo él se relaciona y *ama* a sus hijos.[8]

> *D*ios ha creado el sexo y todos sus placeres. El orgasmo no es un mal agregado al proceso de procreación. Fue Dios quien decidió que el sexo debía ser muy placentero. También fue él quien estableció ciertos parámetros como el matrimonio para proteger y maximizar la experiencia.[9]
>
> **Tim y Amy Gardner**

En este sentido, el sexo es la confirmación física de todo lo que se une espiritualmente en la ceremonia matrimonial. El vínculo que se establece entre la mente de él y la de ella a través del sexo es parte de la «unión» que el Creador describe: «Por tanto, dejará el hombre a su padre y a su madre, y se unirá a su mujer, y serán una sola carne».[10] «Unirse» es «pegarse» y la mejor adhesión para que un matrimonio se mantenga firme es el sexo, una sola carne destinada a durar toda la vida.

También se puede utilizar incorrectamente este increíble don o abusar de él, y esto ocasiona problemas. Por eso, en su inmensa sabiduría, Dios considera necesario brindarnos sus consejos divinos para disfrutar del sexo. Cuando estas recomendaciones bíblicas no negociables se siguen dentro de los límites del matrimonio, hay enorme libertad salpicada de mucha diversión, satisfacción y placer

Creados para el sexo dentro del matrimonio

Las huellas del creador están en la mismísima psicología del sexo. Cuando un hombre se compromete y se casa con una mujer, los niveles de testosterona y andrógenos en él disminuyen bastante y los niveles de oxitocina y vasopresina hacen que él *quiera* tener una relación segura, duradera y gratificante. Está mezcla química le hace querer proteger y sustentar a su esposa, y establecer vínculos afectivos con ella.

En las mujeres, el sexo dentro del matrimonio provoca niveles de oxitocina más elevados. Esto aumenta su confianza a la vez que motiva sentimientos de cariño, bienestar y respeto hacia su esposo.

En una relación matrimonial seria y monógama, los aumentos de testosterona en el hombre disminuyen y las hormonas de las relaciones toman el control. En los hombres, el sexo dentro del matrimonio trae como consecuencia niveles de oxitocina más elevados, lo que puede aumentar el recuento de espermas, facilitar el transporte de los mismos y aumentar la eyaculación masculina. De modo que, el matrimonio en realidad puede llevar a una mayor fertilidad masculina.[11] ¡Imagínelo, todo esto fue creado por Dios!

Entre las mujeres, la producción de oxitocina varía según el grado de seguridad de sus relaciones.[12] Las que tienen mayor seguridad (con menos emociones negativas en su vida) experimentan mayor producción de oxitocina. Recientes investigaciones demostraron que las mujeres «que actualmente tenían una relación seria experimentaban mayores aumentos de oxitocina que las mujeres solteras en respuesta a emociones positivas». Especulan que «una relación estrecha y estable» puede influenciar la respuesta de la hormona.[13]

La verdad es simple: para amar profundamente y con mayor entusiasmo, debemos ser muy exigentes en nuestra relación con el sexo opuesto. La oxitocina juega un papel decisivo en la regulación del deseo sexual tanto en el hombre como en la mujer y crea un ciclo de realimentación de modo que cuanto más sexo tiene una pareja, más lo desean. El sexo con la persona indicada (léase el esposo/la esposa) produce un cóctel de psicoquímicos que puede dar un amor mutuo absoluto, incondicional y desinhibido y el orgasmo hace que aumenten los niveles de oxitocina de tres a cinco veces por encima de lo normal.[14]

Dra. Janice Shaw Crouse

Todos fuimos creados para recibir extraordinarias recompensas por tener relaciones monógamas serias. Los investigadores han descubierto que durante los primeros dieciocho meses de matrimonio, las parejas tienen niveles elevados de una cierta cantidad de hormonas, especialmente de oxitocina, que pueden estar cinco veces por encima del nivel normal.[15] Este «cóctel romántico» hace que el sexo sea una, o la *única*, de las actividades más importantes para una pareja durante los primeros años de matrimonio. Esto no le sorprende a nuestro Creador, después de todo, es parte de su «muy buen» plan.

Las sustancias químicas de la monogamia no se limitan a la oxitocina. Existe otra sustancia bioquímica en el cerebro, la dopamina, la cual parece encender la atracción intensa.[16] Investigadores de la Escuela Universitaria de Londres, estudiaron a hombres y mujeres que estaban «verdadera, profunda y locamente» enamorados el uno del otro. Se practicaron encefalogramas de los cerebros de los voluntarios mientras observaban fotos ya sea de sus enamorados o de extraños. Al ver a sus amantes sus cerebros se iluminaron en las áreas neurales que se activan durante otra clase de euforia mediada por la adicción narcótica a la dopamina.[17]

El designio de Dios es que el matrimonio entre un hombre y una mujer provea recompensas neuroquímicas que les hagan sentir más satisfechos el uno del otro, con el sexo, con su relación y con su familia. ¡Es como un seguro químico planeado divinamente para la dicha matrimonial

Los secretos del matrimonio para toda la vida

Cuando el esposo y la esposa se casan y luego deciden que no se llevan bien, a menudo ponen la excusa de que son «incompatibles», para significar que no encajan o que no pueden relacionarse. Con frecuencia dicen que son sexualmente incompatibles, cuando en algún momento ellos mismos hubiesen dicho que eran «irresistibles» o que se atraían mucho el uno al otro.

Sin embargo, como nos recuerda el terapeuta de pareja Dr. Willard Harley «La cura veloz para la incompatibilidad y el camino más rápido para volverse irresistible, es satisfacer las necesidades emocionales importantes de cada uno».[18] Garantizarlas es una parte esencial del designio de Dios para el matrimonio. Hacerlo supone dar y recibir en forma desinteresada.

*C*uando un hombre acepta tener una relación exclusiva con su mujer, él depende de ella para resolver sus necesidades sexuales. Si lo logra, él encuentra en ella una fuente continua de placer intenso, y el amor de él se vuelve más profundo. Sin embargo, si estas necesidades no son cumplidas, ocurre lo contrario. Él comienza a asociarlas con la frustración ... Y su compromiso lo lleva a tener que elegir entre la frustración sexual o la infidelidad ...[19]

Dr. Willard F. Harley

Una sorpresa para muchas parejas es que un hombre no puede alcanzar la satisfacción sexual en el matrimonio a menos que su esposa también lo logre. Para la mente de él, el sexo no es simplemente una opción entre varias para establecer una relación matrimonial. Más bien, como dice el Dr. Harley, «El sexo es para él como el aire o el agua»[20] Un chiste relata que un consejero matrimonial le pregunta a la pareja: «¿Cuántas veces al mes ustedes dos tienen sexo?». El esposo dice: «¡Casi nunca! Quizás seis o siete veces». La esposa responde: «¡Siempre! Siete, u ocho, veces al mes».

Esto refleja nuestras diferentes necesidades e ideas de lo que significa estar satisfecho sexualmente, y el estudio demuestra diferencias similares. Según una encuesta nacional en los Estados Unidos de América, la mayoría de las parejas casadas tienen sexo en un promedio de siete veces al mes o sea menos de dos veces por semana.[21]

La variabilidad en la frecuencia sexual en el matrimonio es enorme, y mucho de esto se le atribuye a la biología del cerebro y diferencias bioquímicas. Algunas parejas tienen sexo pocas veces, mientras que otras lo tienen todos los días. La cantidad de veces al mes que los esposos dijeron tener relaciones sexuales durante el primer año de matrimonio fue entre una (un promedio de doce veces ese año) y cuarenta y cinco (ó 540 veces ese año). Sin embargo, en la mayoría de las parejas, uno quiere más sexo que el otro o uno tiene más apetito sexual (libido) que el otro.

«Esto ocurre normalmente en el hombre, pero no siempre».

¿Cómo se supone que deba responder el esposo o la esposa con menos libido? La Biblia nos da una pista cuando dice: «La mujer ya *no tiene derecho sobre su propio cuerpo*, sino el esposo. *Tampoco el hombre tiene derecho sobre su propio cuerpo*, sino su esposa»[22]. Este verso enseña el concepto de lo que Lorraine Pintus llama «El/la amante obediente»[23] Este verso se repite en otro: «Ámense los unos a los otros con amor fraternal, respetándose y honrándose mutuamente».[24] Pintus reformula estos versos así: «En su relación sexual, no deje que mande el egoísmo. Dios le pide que piense que su esposo o esposa es más importante que usted. Así que deje de pensar en usted mismo y en lo que usted quiere sexualmente. Piense en cambio en lo que su pareja desea y cómo puede satisfacerla».[25]

Cuando Walt me pidió que me casara con él, confiaba en que yo podía satisfacer sus necesidades sexuales. Él estimaba que yo estaría interesada sexualmente como él lo estaba en mí. Él creía y confiaba en que yo estaría disponible sexualmente para complacer sus necesidades, del mismo modo en que yo confiaba en que él lo hiciera con las mías. Debo confesar que a veces se encontró con una esposa poco dispuesta a garantizar las necesidades de él creadas por Dios. Sin darme cuenta, lo estaba poniendo en un aprieto. Ojalá hubiese sabido en ese momento lo que ahora sé acerca de ser una amante obediente.

*L*os amantes o las amantes obedientes se sacrifican sexualmente por sus parejas. Los amantes o las amantes obedientes ponen las necesidades sexuales de sus parejas por encima de las suyas propias y sexualmente se entregan desenfrenada y desinteresadamente. Los amantes o las amantes obedientes comprenden la necesitad de dar incondicionalmente, y reconocen que esto no es posible a menos que ellos aprendan a renunciar a sus deseos egoístas.[26]

Lorraine Pintus

Cuando se trata de deseos sexuales, algunos son egoístas y perjudiciales para el matrimonio. El primer deseo sexual egoísta es aquel en que el esposo o la esposa con frecuencia o de manera repetitiva rechaza las necesidades y avances sexuales del otro. Ya sea que se trate del esposo o la esposa, la Biblia nos da los siguientes consejos:

> El esposo debe cumplir con su deber conyugal [sexual] con su esposa, e igualmente la mujer con su esposo... No se nieguen el uno al otro, a no ser de común acuerdo, y solo por un tiempo, para dedicarse a la oración. No tarden en volver a unirse nuevamente; de lo contrario, pueden caer en la tentación de Satanás, por falta de dominio propio.[27]

La única razón que da la Biblia para negarse a satisfacer las necesidades sexuales de su esposo o esposa es «de común acuerdo», por un tiempo y para «orar». Los dos creemos que esta amonestación es para los matrimonios sanos. En matrimonios donde hay abuso físico, verbal o emocional, o conflictos graves sin resolver, los límites sexuales no solo son apropiados sino también obligatorios. Sin embargo, para la gran mayoría los consejos bíblicos son claros: Diga que no solo rara vez.

El segundo hábito egoísta es el esposo o la esposa que insiste o exige que sus necesidades sexuales se satisfagan un día sí y un día no. Nuevamente señalaríamos los versos mencionados con anterioridad para recordarle a este esposo o esposa que la Biblia nos anima a que amemos, sirvamos y honremos a nuestro esposo o esposa y estemos dispuestos a sacrificarnos por él o ella.

Las palabras finales son estas: Cuando la mente de él y la de ella están satisfechos sexualmente, la relación matrimonial mejora. El creador nos da el sexo por muchos motivos; y el hecho de que él declare que a través del sexo nos volvemos «un solo ser»[28] da a entender que el sexo es un don que no deja de darnos, un don que fortalece los vínculos afectivos entre el esposo y la esposa de una manera en que las palabras jamás podrían.

¿La monogamia no está pasada de moda?

Tal vez usted se preguntará si la idea bíblica de la monogamia y el sexo solo en el matrimonio no es un poco anticuada para nuestros tiempos modernos. Según investigaciones recientes, no lo es. La frecuencia y satisfacción sexual son mayores en los hombres y mujeres que reservan el sexo para el matrimonio. Incluso aquellos que cometieron el error de tener relaciones sexuales fuera del matrimonio dicen que el sexo es mejor dentro del matrimonio. De hecho, las mujeres casadas llegan al orgasmo cuatro a cinco veces más a menudo que las mujeres solteras o que cohabitan.[29]

Uno de los proyectos investigativos más fidedignos que jamás se haya realizado sobre sexualidad en Los Estados Unidos de America se llevó a cabo hace algunos años en la Universidad de Chicago. Este estudio concluyó en que «La imagen pública del sexo en los Estados Unidos de América no tiene relación con la verdad».[30] Los investigadores descubrieron que de todas las personas sexualmente activas, lo más probable es que las casadas que tuvieron una sola pareja digan que están «extremadamente» o «muy» satisfechas con la cantidad de placer emocional y físico que experimentan en sus vidas sexuales.[31]

Los autores del estudio creen que los niveles más elevados de compromiso en el matrimonio sean probablemente la razón de los altos niveles de satisfacción. Y explican: «En la vida real, el no anunciado y pocas veces discutido mundo del sexo matrimonial es en verdad lo que más satisface a las personas»[32] En otras palabras, el compromiso matrimonial contribuye en gran medida a una mayor sensación de seguridad, confianza y comunicación entre la pareja.

Aunque la ciencia de la monogamia recién está en sus primeros estadios, predecimos que los investigadores seguirán demostrando que el designio divino de Dios para el matrimonio es adictivo. Después de casi treinta y cuatro años de matrimonio, recién comienzo a entender en menor medida este designio. Nunca antes estuve tan enamorado de Barb ni fui tan adicto (en el buen sentido) a ella como ahora. Traer a nuestra habitación hormonas e imágenes mentales que únicamente ella despierta es algo maravilloso. No me imagino la vida sin ella. No es de extrañar que los votos matrimoniales de muchos de nuestros bisabuelos incluyeran este asombroso pronunciamiento:

Con mi cuerpo te adoro. Mi cuerpo te adorará, y solo tu cuerpo apreciaré.
Con mi cuerpo te declararé tu valor.[33]

Estar enamorado versus fundirse en un solo ser

En la novela de Louis De Bernieres *Carelli's Mandolin,* un padre cariñoso trata de explicarle a su hija lo que ocurre cuando las necesidades sexuales de un hombre y los requerimientos de intimidad y afecto de una mujer se enredan en el matrimonio, cuando logran comprender la diferencia entre «sexo» y «amor» comparado con «estar enamorado» y «fundirse en un solo ser»:

El amor es una locura temporal; estalla y luego se apacigua. Cuando se calma, debes tomar una decisión. Tienes que decidir si sus raíces se han entrelazado tanto que es inconcebible que ustedes se separen algún día. El amor no es quedarse sin aliento; no es la promulgación de promesas de pasión eterna. No es el deseo de juntarse a cada minuto del día, no es quedarse despierta por la noche ima-

165

ginando que él besa cada grieta de tu cuerpo... Eso es estar «enamorado», lo que cualquier tonto puede hacer. El amor en si mismo es lo que queda cuando el enamoramiento se ha consumido. Tu madre y yo lo tuvimos. Tuvimos raíces que se unieron las unas con las otras bajo la tierra; y cuando todas las flores se habían caído de nuestras ramas descubrimos que éramos un solo árbol, no dos.[34]

Cualquier pareja puede enamorarse y cualquier pareja puede tener sexo, lo que «cualquier tonto puede hacer». El amor y el sexo en la relación matrimonial, excepto para los fines que establece el Creador, suele volverse aburrido y poco gratificante.

El verdadero amor ágape*, practicado por dos amantes obedientes que siempre se ocupan de su matrimonio como se ocuparían de un precioso jardín y cuyo amor por su Creador y del uno por el otro crece y crece, tiene posibilidades de convertirse en un matrimonio que, como nuestro jardín de flores, crece y crece, y despide una fragancia de mucha alegría a todos los que caminan por él.

O como dijo nuestro Creador, «Los dos se funden en un solo ser»[35] y tendrán «vida y la tendrán en abundancia»[36] ¿Quién no querría eso?

---

* Explicaremos el «amor ágape» en el capítulo 11

Referencias

1. Ver1 Corintios 7:2.
2. Ver Hebreos 13:4.
3. Ver Génesis 1:28a.
4. Ver Deuteronomio 24:5; Proverbios 5:18-19; Cantar de los Cantares 4:10.
5. Cantar de los Cantares 7:6-9 NVI.
6. Génesis 1:31.
7. Ver Cantar de los Cantares 5:1-16
8. Ver Oseas 1-3; Efesios 5:21-33; 2 Corintios 11:1-3; Apocalipsis 19:6-9.
9. Tim Gardner y Amy Gardner, «Lo básico sobre sexo», enviado en otoño de *1999, Christianity Today: www.christianitytoday.com/mp/9m3/9m3056. html,* 12 de abril del 2007.
10. Génesis 2:24 RVR, 1960.
11. Janice Shaw Crouse, «Poción de amor número 0», enviado el 25 de enero del *2006, Concerned Women for America: www.cwfa.org/articledisplay. asp?id=9936&department=BLI &categoryid=dotcommentary,* 12 de abril del 2007.
12. R. A. Turner et al., «Investigación preliminar sobre la oxitocina plasmática en mujeres de ciclo normal: Investigación de la emoción y la angustia interpersonal», *Psychiatry* 62, no. 2, verano de 1999, p.97 -113.
13. «Hormona involucrada en la reproducción puede tener un papel en el mantenimiento de las relaciones», enviado el 14 de julio de 1999, *UCSF News Office: http://pub.ucsfedu/newsservices/releases/2004010721,* 12 de abril del 2007.
14. Crouse, «Poción de amor».
15. Citado en Paula Rinehart, «Una unión como ninguna otra», *Discipleship Journal* 27, no. 1, enero/febrero del 2007, p.43-47.
16. Ver H. Fisher, A. Aron, y L. L. Brown, «Amor romántico: un estudio IRMf del mecanismo neural en la elección de la pareja», *Journal of Comparative Neurology* 493, no. 1, diciembre del 2005, p.58-62.
17. A. Bartels y S. Zeki, «Las bases neurales del amor romántico», *NeuroReport* 11, no. 17, 27 de noviembre del 2000, 3829-934.
18. Willard F. Harley Jr., *His Needs, Her Needs: Building an Affair-Proof Marriage,* Revell, Grand Rapids, 2001, p. 181.
19. Ibid, p.18
20. Ibid, p.46.
21. Citado en «Frecuencia sexual», *Marriage and Family Encyclopedia: http:// family.jrank. org/pages/11 02/Marital-Sex-Sexual- Frequency. Html,* 22 de julio del 2007.
22. Ver 1 Corintios 7:4 NVI.
23. Lorraine Pintus, «Cómo ser un amante estupendo: Descubra la clave de un matrimonio íntimo», *Discipleship Journal* 27, no. 1, enero/febrero del 2007, p.49-57.
24. Romanos 12:10.
25. Lorraine Pintus, «Cómo ser un amante estupendo», p. 51.
26. Ibid.
27. 1 Corintios 7:3, 5.
28. Génesis 2:24.

29. Citado en Barbara y Allan Pease, *Why Men Don't Listen and Women Can't Read Maps: How We're Different and What to Do about It,* Broadway Books, New York, 2000, p.224.

30. Robert T. Michael et al., *Sex in America: A Definitive Survey,* Little, Brown, & Co., Boston, 1994, p.1.

31.Ver Edward O. Laumann et al., *The Social Organization of Sexuality: Sexual Practices in the United States,* University of Chicago Press, Chicago, 1994, p.364, cuadro 10.5.

32.Michael et al., Sex in America, p. 131.

33. Pintus, "How to Be a Great Lover", p. 51.

34. Ver en Michael Gurian, What Could He Be Thinking? How a Man's Mind Really Works, St. Martin's, New York, 2003, p. 137-38.

35. Génesis 2:24.

36. Juan 10:10, NVI.

LA MENTE DE ÉL —CONQUISTA; LA MENTE DE ELLA —CRIANZA

SEGÚN LA BIBLIA, ADÁN, EL PRIMER HOMBRE, NO FUE CREA-do en el placentero y tranquilo jardín del Edén, sino en la selva violenta, «nacido en las zonas perdidas»[1], por así decirlo, antes que se formara el jardín del Edén. Tal vez, esa sea parte de la razón por la que, cuando niño, me sentía más cómodo en los bosques y campos que estaban situados alrededor de mi casa. Con los demás niños jugaba a los soldados, exploradores, conquistadores y héroes. Los temas específicos de nuestras aventuras cambiaban día a día, pero siempre estábamos en la búsqueda de chicos malos, porque nuestro objetivo era construir un mundo mejor y más seguro.

Creo que la naturaleza de la mente masculina de estar siempre conquistando es parte del motivo por el que *Rescatando al soldado Ryan*, de Steven Spielberg, es una de mis películas favoritas. En ella se narra la historia de un Capitán del Ejército de los Estados Unidos, John Miller, al que le asignan la tarea de encontrar al soldado James Francis Ryan, quien no sabe que sus tres hermanos murieron en acción. El Ejército de los Estados Unidos quiere que lo encuentren y regresen a su casa para que sus padres no pierdan al único hijo que les queda.

Una razón importante por la que esta película dejó una marca en mi corazón es que me ayudó a comprender lo que mi padre debe haber experimentado cuando peleó en Europa con el ejército durante la Segunda Guerra Mundial. La segunda razón es que representaba el diseño y las características de mi mente masculina. En esta película se abordaba el sacrificio y honor, la renuncia de uno mismo y el coraje, el respeto por el país y el amor por la familia.

A medida que la película se acerca al final, se ve al Capitán Miller herido y a punto de morir en el puente de un pueblo francés. El soldado Ryan se arrodilla a su lado y el Capitán Miller le dice sus últimas palabras al hombre por el que dio su vida: «James, gana esta. ¡Gánala!». La cámara enfoca la cara del joven soldado Ryan y luego cambia hacia el rostro del anciano James Ryan, que está parado frente a la tumba del Capitán Miller.

Los labios del anciano Ryan tiemblan y sus ojos se llenan de lágrimas. Le dice a la lápida: «Para ser honesto, no estaba seguro de cómo me sentiría al volver aquí. Todos los días pienso en lo que me dijo aquel día en el puente. Intenté vivir mi vida de la mejor manera que pude. Espero que haya sido suficiente».

La esposa de Ryan se acerca y él le dice: «Dime que he llevado una buena vida. Dime que soy un buen hombre». Su esposa, conmovida por la manifestación de emoción de su esposo, contesta suavemente: «Claro que sí».

> *La* vida de un hombre que es diversa, compleja, irreducible, comienza en el impulso de la mente masculina de probar el valor contra todas las heridas, obstáculos y desafíos ... Los muchachos y los hombres realizan una búsqueda de por vida basada en la naturaleza del valor propio, que es muy diferente a la de una muchacha o una mujer.[2]
>
> **Michael Gurian**

¿Qué provoca que mis emociones más profundas salgan a la superficie cuando miro esta película? Pienso que es por la manera en que Dios me diseñó y creó como hombre. Es por la formación de la mente masculina y el diseño hormonal. Dios formó a los hombres para prevalecer, superar y conquistar. Comprendemos en nuestro interior lo que está escrito en nuestros corazones, en el sentido que debemos hacer algo con nosotros y con nuestras vidas. En lo profundo sabemos (aún desde que éramos pequeños) que fuimos creados para la aventura y la conquista, para una gran causa, una búsqueda poderosa.

A diferencia de Adán, a Eva la crearon en un refugio seguro, en la belleza exuberante y fragante del jardín del Edén. Dios diseñó la mente de las mujeres para que sea verbal, relacional y cuidadosa. Entonces, no debería ser una sorpresa que el impulso femenino, incluso a una edad muy temprana, es el de estar en el hogar y hacer de una casa un hogar maravilloso. Esto ayuda a explicar por qué yo, como la mayoría de las niñas pequeñas, me sentía tan cómoda al hablar con mis amigas sobre cómo sería estar casada o tener una familia. Podíamos pasar horas dialogando sobre el tipo de hombre que esperábamos para casarnos, soñando con nuestra boda y luna de miel e imaginando hijos, con un esposo que me ame y me cuide y una familia para cuidar.

También ayuda a explicar por qué una de mis películas favoritas es «Tienes un e-mail», una comedia romántica que presenta a los neoyorquinos Kathleen Kelly y Joe Fox. Ellos se conocen en línea y comienzan a enviarse e-mails. Ellos se revelan sus esperanzas y sueños personales y comparten sus libros y películas favoritos, pero nunca se han conectado en la vida real, aunque los dos viven en el mismo vecindario, toman café en el mismo Starbucks y a menudo se cruzan en la calle.

Cuando comienza la película, me atrapa la manera en que Joe le abre su corazón a Kathleen. Ella y yo tenemos cerebros que responden al aumento de oxitocina por los mails románticos de él. Nosotras, como la mayoría de las mujeres, somos creadas para desear un esposo para toda la vida, que nos ame y nos haga fantasear y deseamos tener y criar hijos con él. Parte de mí no puede esperar hasta que se conozcan cara a cara y se enamoren, pero la realidad es que si Kathleen y Joe se conocieran y se revelaran los objetivos profesionales de cada uno, arruinarían su joven romance. Es decir, Kathleen tiene una pequeña librería adorable para niños, el negocio a la vuelta de la esquina, mientras que Joe es el heredero de Fox Books, un conglomerado de librerías que, al final, deja a Kathleen fuera del negocio.

Después que ella es forzada a cerrar su tienda, está en su casa, deprimida y con un resfrío. Joe (al que ella ya ha conocido pero no sabe que es su amigo de e- mail que utiliza el apodo "NY 152") pasa por la casa de ella y le lleva sus flores favoritas que son margaritas. Justo antes de que él se marche, ella le pregunta: «¿Por qué pasaste?»

«Quería ser tu amigo», responde Joe. «Sabía que no era posible. ¿Qué puedo decir? A veces una persona solo quiere lo imposible».

En la última escena, Kathleen baja por un camino en el parque para su «primer» encuentro con «NY 152». Ella todavía no sabe que Joe, su enemigo profesional, es «NY 152», su romance por email. Ella se detiene y mira a su alrededor. Una joven mujer que está caminando pasa por su lado. Kathleen mira su reloj y luego escucha el ladrido de un perro. El perro de Joe, Brinkle, aparece corriendo por la esquina. Ella levanta la mirada, ve a Joe y comienza a llorar. Para ese entonces, las lágrimas corren por mi cara mientras Joe se acerca a ella, le abraza y dice: «No llores, muchacha de la tienda, no llores».

Justo antes de que se besen, ella le mira y dice: «Quería que fueras tú. Tenía tantas ganas de que fueras tú».

Esta película me emociona en lo profundo de mi alma, como le pasa a todas las mujeres que conozco y que la han visto. Cada vez que la miro, lloro. ¿Por qué las mujeres tienen esta respuesta emocional con las películas románticas? Se debe a la manera en que nuestro Creador diseñó el cerebro femenino y hormonas. No podemos escaparnos a la verdad de que hemos sido creadas para construir y cultivar relaciones. En lo profundo sabemos desde que éramos pequeñas que hemos sido creadas para amar y ser amadas, para ser esposas y madres.

No podemos escapar a nuestras diferencias

Es importante destacar que el instinto masculino de conquista y el instinto femenino de crianza son innatos. Los mismos se originan en la creación de Dios y se sincronizan por la interacción muy diferente de nuestras hormonas, sistemas reproductivos y cerebros. Si no reconocemos y respetamos estas diferencias, ellas pueden ocasionar conflictos y confusión.

Las mujeres pueden ver a los hombres como insensibles porque ellos son menos empáticos y compasivos, o como patanes porque no les gusta *Tienes un e-mail* y otras películas maravillosas. Asimismo, los hombres pueden ver a las mujeres como débiles o suaves porque tienen menos deseos de competir y ser agresivas, o porque no les agradan las películas como *Rescatando al soldado Ryan.*

Sin embargo, solo porque seamos diferentes no significa que los hombres no sean cuidadosos o que las mujeres no sean fuertes. Sencillamente hacemos estas cosas en diferentes grados y de distintas maneras. Los hombres pueden ser muy cuidadosos, pero tienden a relacionarse «a través de la agresión» en vez de a través del «cuidado por empatía».[3]

Las mujeres son creadas biológicamente para criar, proporcionar comodidad y buscar apoyo social en tiempos de estrés ... Los hombres también tienen este instinto de cuidar y hacer amigos, pero en un grado menor debido a las diferencias hormonales». [4]

Dra. Shelley E. Taylor

Por ejemplo, las mujeres alzan y abrazan a los bebés, mientras que los hombres al jugar lanzan a los bebés al aire. Y a la mayoría de los niños les encanta ambos tipos de interacción, ya sea arrullando de alegría en los abrazos de las mujeres y también chillando de regocijo con los juegos violentos de los hombres.

Es decir que, mientras ellos utilizan la dominación y la agresión para ganar y obtener posición social, las mujeres emplean un poder más refinado y sutil. Como quedó demostrado a través de diferentes estudios psicológicos, las mujeres son mejores que los hombres para percibir, comprender y predecir el comportamiento de otras personas. Ellas pueden «captar las razones detrás del discurso y del comportamiento».[5] Por lo tanto, la capacidad innata de las mujeres de comprender a los hombres mejor de lo que ellos puedan entenderlas les otorga poderes de una manera única.

Yo pienso que el poder de los hombres es como el motor de un auto, él puede hacer que vaya rápido. Pero el poder de las mujeres es como el volante y los frenos, partes esenciales que conducen a un viaje seguro. Los dos juntos hacen que un largo y satisfactorio viaje sea posible.

Dr. Walt Larimore

Sin dudas, Walt tiene razón. Cuando pienso en la fuerza del poder de las mujeres, de inmediato recuerdo la escena de la película Mi gran casamiento griego en donde Toula, la hija comprometida, habla con su madre, Maria. Esta le brinda mucha sabiduría matrimonial cuando dice: «El hombre puede ser la cabeza de la familia, pero la esposa es el cuello y puede mover la cabeza en cualquier dirección que ella quiera». El poder único de las mujeres viene de la fuerza que ellas tienen para crear relaciones al unir y construir familias y amistades y, como resultado, construir los cimientos de una cultura y sociedad saludable.

Entonces, en lugar de «chocar» por estas diferencias que parecen contradictorias, veamos si podemos comprenderlas y apreciarlas mejor. Después de todo, la base biológica de estas diferencias está bien documentada.

La mente de él creada para conquistar

Muchos estudios revelaron que el comportamiento agresivo de los hombres está unido a dos neurohormonas. La primera es la testosterona, asociada con la impulsividad y agresión espontánea, y la segunda es la serotonina. Cuando se les compara con las mujeres, los hombres tienen más testosterona y menos serotonina, en especial en la corteza frontal en donde se toman las decisiones.[6]

Además, encefalogramas funcionales de las áreas del sistema límbico asociadas con la agresión, muestran más actividad en los hombres que en las mujeres. Por el contrario, las mujeres tienen mayor actividad en el área de la circunvolución cingular del sistema límbico, que está asociado con la reducción de la agresión.[7] Desde una perspectiva anatómica, las cortezas frontales orbitales del cerebro, que están asociadas con el comportamiento agresivo, son más grandes en los hombres que en las mujeres. Además, se cree que esta área del cerebro es impactada por el baño de testosterona que ocurre en el útero, así también como por la falta de los efectos calmantes de la serotonina.[8]

Estas diferencias biológicas son esenciales para que las mujeres comprendan por qué los muchachos, y los hombres en que se convierten, tienen cerebros que han sido creados para ser más agresivos, impulsivos y enérgicos, lo que significa que el diseño de ellos es para ganar su propio valor. Están obligados a descubrir el llamado y significado de ellos en la vida. Son creados para conquistar el mundo que los rodea y comienzan su actividad a una edad sorprendentemente temprana. Por ejemplo, mi madre me contaba que yo, cuando era un pequeño intrépido y tan pronto como aprendí a caminar, me escapaba de ella para ir hacia cualquier aventura que apareciera.

Y debo agregar, que mi comportamiento era normal para un niño. A los seis meses, ellos son mucho menos temerosos que las niñas y «esa falta de temor» se asocia con niveles de testosterona, porque mientras más alto sea el nivel de testosterona, más alto el nivel de «falta de temor».[9] A los trece meses, los niños son más agresivos y más enérgicos que las niñas [10] y a los treinta y seis meses, los niños dominan grupos de chicos de ambos géneros. Ya cuando están en preescolar, los niños demuestran tener más interés en «juegos violentos» que las niñas y no tienen problemas en pelear o destruir cosas.[11]

Aunque la tendencia natural de las mujeres es la de asumir que este comportamiento es perjudicial, para mí como madre, fue esencial aprender que este tipo de juegos es en realidad importante para el desarrollo saludable de los niños. Cuando ellos intervienen en juegos violentos, lo que hacen es aprender a manejar la agresión y a darse cuenta de lo competitivos que pueden ser.[12] Fue positivo saber que cuando Walt y Scott jugaban juntos de manera violenta, como la mayoría de los niños y sus padres, era probable que él aprendiera más auto control que agresión.[13]

También aprendí que incluso durante sus años preescolares, los niños comienzan a evidenciar un comportamiento que la mayoría de ellos mantienen a lo largo de sus vidas, es decir, no escuchan cuando las niñas les dan instrucciones.[14] Este aspecto del impulso masculino de con-

quistar el mundo se hizo evidente una tarde cuando Scott tenía solo cinco años.

Recibí un llamado desesperado de mi vecina Edna. «¡Barb!», gritó al teléfono. «¡Ven aquí! ¡Scott está arriba de mi techo!»

Crucé la calle corriendo y allí estaba, caminando por la cornisa de la casa de Edna, mientras ella le gritaba: «Scott, ¡baja de inmediato! ¡Puedes lastimarte!».

La miró con incredulidad y le respondió: «Bueno, ¡puedo no lastimarme!». ¡Allí estaba mi hijo en una gran aventura, usando solo pantalones cortos y botas de vaquero, seguro de que no necesitaba los consejos de una mujer!

Los hombres quieren pelear una buena pelea ... Los niños comienzan con la búsqueda a una edad muy temprana ... El impulso masculino es el de ser heroico, ser el mejor... y así convertir la vida en una búsqueda de valor y poder llena de riesgos, éxitos, fracasos, ganancias y pérdidas.[15]

Michael Gurian

Un estudio de niños de cuarto a sexto grado demostró que durante el recreo, los niños eran competitivos con otros niños en más del cincuenta por ciento de las veces, mientras que las niñas eran competitivas con otras niñas solo el uno por ciento de las veces.[16] Cuando los investigadores dejaron que los niños y las niñas jugaran con autos grandes de plástico que ellos podían conducir, descubrieron que los niños más pequeños jugaban a «chocarse». Conducían el vehículo contra otro auto u otro niño de manera deliberada.[17] La testosterona y vasopresina ingresan y la agresión y competencia los dominan. También es el motivo por el que los muchachos adolescentes participan, con bastante frecuencia, en cualquier comportamiento riesgoso. Es parte de la búsqueda de su llamado, de su esperanza de demostrar su masculinidad y encontrar significado.

De hecho, existe algo «feroz en el corazón de cada hombre».[18] Él es creado para participar en la búsqueda de ser un héroe, conquistar y competir. El consejero y autor John Eldredge escribe: «Capas y espadas, camuflaje, pañuelos y revólveres de seis tiros; estos son los uniformes de la niñez. Los niños pequeños anhelan saber que son poderosos, peligrosos, que son alguien con quien arreglar cuentas». Y Eldredge está «convencido de que estos deseos son universales, una señal hacia la masculinidad. Pueden estar mal ubicados, olvidados o mal diseccionados, pero en el corazón de cada hombre existe el deseo desesperado de una batalla por pelear, una aventura por vivir y una belleza por rescatar».[19]

La tendencia biológica de los hombres hacia la agresión, asociada con el deseo innato de ellos de ganar su camino, resulta en una «noción de legado» arraigada.[20] Como el anciano soldado Ryan, los hombres queremos saber: «¿Lo he logrado? ¿He llevado una buena vida? ¿He sido un buen hombre?». Y hay dos personas en la tierra de las que necesitamos escuchar esta afirmación más fuerte que de ninguna otra persona, otros hombres, en especial nuestros padres y nuestras esposas.

Primero, para probar su valor a lo largo del camino, los hombres necesitan la afirmación de otros hombres. Y ninguna afirmación es más importante que la que el muchacho u hombre recibe de su padre, especialmente de manera temprana en la vida. ¿Recuerda lo que pasó cuando Jesús salió del río Jordán después de ser bautizado por Juan? Su padre le miró y le dijo: «Éste es mi Hijo amado; estoy muy complacido con él.»[21] ¡Estas son las palabras que todo hombre quiere oír! ¡Esa es una afirmación del Padre de todos los padres! Es una afirmación por la que todos los hombres son creados y nuestro Creador la escribe en nuestros corazones.

Este mismo Padre le dice a aquellos con los que tiene una relación personal que nosotros somos sus hijos: «Mas a cuantos lo recibieron, a los que creen en su nombre, les dio el derecho de ser hijos de Dios. Éstos no nacen de la sangre, ni por deseos naturales, ni por voluntad humana, sino que nacen de Dios».[22] Piensa en ti, se deleitará en ti con gozo, te renovará con su amor, se alegrará por ti con cantos;[23] se alegra Dios con sus ángeles,[24] y tu eres el objeto de su afecto.[25] Él le ama con cada parte de su gran amor. No importa lo mucho que ame a otras personas, él no puede de ninguna manera amar a cualquier persona más de lo que le ama a usted. Y aunque es difícil que nuestras mentes lo comprendan, Dios le ama a usted tal como ama a Jesús.[26] Ahora, ¡eso es afirmación!

Esta afirmación que buscamos la podemos encontrar en plenitud solo en nuestro Padre celestial. Somos amados y aceptados por un Padre que *nunca* nos dejará solos.[27] Y es desde este manantial de amor y afirmación infinita que nosotros como esposos y padres podemos amar por medio del sacrificio y de manera desinteresada a nuestras esposas e hijos.

Segundo, todo hombre también quiere ser un héroe y salvador de su verdadero amor porque es una característica grabada profundamente en nuestras mentes y corazones por Dios, que es el héroe y salvador de *nuestras* almas.[28] Ese es parte del poder en el llamado de Nehemías a sus hombres para que defendieran Jerusalén:

«¡No les tengan miedo! Acuérdense del Señor, que es grande y temible, y peleen por sus hermanos, por sus hijos e hijas, y por sus esposas y sus hogares.»[29]

Sin importar lo mucho que los hombres amen a sus esposas e hijos, el hogar no es el lugar de aprobación fundamental por el que los hombres deban cumplir sus impulsos de logro. Que las esposas y madres comiencen a comprender que sus esposos e hijos son creados para la búsqueda y la conquista, que son diseñados para buscar, medir y comparar su propio valor con el de otros muchachos y hombres, puede ser una revelación. Los hombres harán grandes sacrificios en su búsqueda y, si alguna vez pierden su llamado o su camino hacia la conquista, tienden a retraerse, deprimirse y desalentarse.

La mente de ella diseñada para criar

Las diferencias entre los sexos en la crianza aparecen incluso antes que las diferencias en el impulso de conquista. Estas distinciones ocurren mucho antes que las niñas y niños puedan distinguir de manera confiable entre los géneros o saber qué comportamiento es más característico de uno o del otro.[30] Incluso entre niños y niñas de doce meses a veinte meses, la exposición a la angustia de otras personas provoca que las niñas respondan con más empatía y menos indiferencia que los niños.[31]

Las diferencias solo aumentan a medida que las niñas crecen. Sin importar la edad, ellas son más serviciales y los niños más competitivos.[32] Las niñas en edad escolar intentan disminuir el conflicto, mientras que sus compañeros varones parecen deleitarse con él.[33] La mente de ellas quiere conectar y cuidar; la mente de ellos quiere enfrentar y luchar. Y después de la pubertad, como dice un investigador, cuando «los efectos tranquilizadores del estrógeno están disponibles»,[34] hay un aumento incluso más acentuado de preferencia femenina por la cooperación.[35]

De hecho, los investigadores han descubierto que el deseo de las mujeres de «conexiones armoniosas está muy relacionado con el estrógeno»,[36] por lo tanto, cuando los niveles de la hormona estrógeno comienzan a aumentar, la superioridad femenina en la crianza y en cultivar relaciones se vuelve mayor.[37] Y el impulso por cuidar se torna incluso más fuerte bajo la influencia de las hormonas oxitocina y prolactina, que se liberan en grandes cantidades durante el embarazo y el amamantamiento.[38]

La Dra. Theresa Crenshaw cree que las mujeres son conciliadoras y creadoras de nuevas vidas debido a la composición hormonal de ellas, con «niveles relativamente altos de serotonina si se las compara con los hombres, oxitocina en grandes cantidades y estrógeno, una suave hormona antidepresiva medianamente relajante».[39] El Dr. Steven E. Rhoads observa: «Otra razón por la que las mujeres son conciliadoras es por la profunda necesidad que tienen de conexiones afables. Y sus lazos más importantes están en el hogar. Ellas dicen que las relaciones en la familia son la clave de su felicidad. La angustia familiar tiene más efecto en la salud mental de las esposas que de los esposos».[40]

Tanto en hombres como en mujeres, la oxitocina estimula la creación de lazos afectivos y un estado emocional tranquilo y relajado. En los hombres se libera en grandes cantidades durante el orgasmo. En las mujeres, diferentes estímulos como la acción de acariciar a su bebé,[41] puede provocar la liberación de oxitocina. La oxitocina, un opiato natural, motiva que las mujeres se sientan «eufóricas» o «excitadas» durante la crianza.[42] Dios creó el cerebro femenino para recibir el impacto completo de la oxitocina. ¡No solo tienen las mujeres más receptores de oxitocina en el cerebro que los hombres, sino que la cantidad de receptores de oxitocina aumenta durante el embarazo![43]

El hecho de que las mujeres son mejores en la crianza que los hombres no es sorpresa para la gran mayoría de las personas. «Una encuesta nacional descubrió que el ochenta y siete por ciento de los hombres y el setenta y ocho por ciento de las mujeres creen que las mujeres son más idóneas biológicamente para criar y cuidar a los niños.[44] Múltiples estudios han llegado a la conclusión de que las mujeres son «más empáticas, cariñosas y mejores en la crianza que los hombres».[45]

Es importante darse cuenta de que la crianza tiene un efecto positivo en las mujeres. Ser capaces de criar hijos en el hogar está «relacionado con mayor salud para las mujeres».[46] El noventa y tres por ciento de las madres piensa que sus hijos son una fuente de felicidad durante la mayoría del tiempo, mientras que el ochenta por ciento de las madres con hijos menores a dieciocho años dice que la relación que tienen con sus hijos es fundamental para su felicidad personal, clasificándola con diez en una escala de diez puntos.[47]

Alice McDermott, una novelista galardonada, describió cómo ella y sus amigas de postgrado cambiaron cuando se convirtieron en madres. Ella expresa: «La alegría de los niños parecía ... demasiado gratificante, maravillosa» para explicarlo con palabras. Y le pidió a sus amigas que lo intentaran. Ellas dijeron cosas como: «Ser mamá es lo mejor que he hecho». «Es como flotar en leche tibia». «Podría llenar un estadio con bebés».[48]

Además del deseo innato de cuidar y criar a sus hijos, las mujeres disfrutan del hecho de que los niños responden con mayor eficacia al cuidado de ellas. Aunque los niños parecen no tener preferencias por jugar con mamá o papá, tienen una inclinación irresistible por ser consolados por sus mamás. Después de todo, cuando los bebés y las bebés y los niños y niñas tienen una preferencia, escogen el cuidado de sus madres en lugar de sus padres en un promedio de catorce a uno.[49]

El deseo de criar y los beneficios derivados de ello no se limitan a mujeres casadas que tienen hijos. Está demostrado que es más probable que las hijas cuiden a sus padres enfermos mejor que los hijos[50] y que es más factible que sean las mujeres que cuiden a la mascota de la familia en lugar de los hombres.[51] Mujeres solteras de todas las edades no solo buscan la manera de criar sino que pueden volverse más saludables haciéndolo. Por ejemplo, las mujeres solteras que cuidan a una mascota pueden tener reducciones significativas en la presión sanguínea.[52]

No es el condicionamiento social lo que explica la alegría y satisfacción auténtica que ganan las mujeres con la crianza, porque es algo que está diseñado en la mente de ellas. Asimismo, no es sorpresa que sientan tanta angustia y dolor cuando no tienen hijos o pierden uno. Las mujeres que están con tratamientos debido a la infertilidad tienen niveles de depresión comparables con pacientes que sufren de HIV y cáncer.[53] Para las mujeres que han sufrido un aborto espontáneo, el riesgo de una gran depresión dentro de los seis meses es cinco veces mayor.[54]

Walt y yo perdimos cuatro hijos por abortos espontáneos. El dolor por cada pérdida era para mí mayor que la vez anterior. Walt lloraba y sufría con cada pérdida, pero mi angustia era peor que una tortura. Parte de mi alma había sido arrancada de mí y la pérdida de esos niños todavía deja un vacío en mi corazón.

Conquista y crianza felices por siempre

Entonces, ¿es posible que la conquista y la crianza convivan felices para siempre? ¡Absolutamente! Eso es lo que Dios había previsto y es posible a través de lo que el Dr. W. Bradford Wilcox llama «patriarcas compasivos» o «líderes serviciales». En su investigación, descubrió que estos son los tipos de hombres que atienden los requerimientos de comunicación y afecto de sus esposas y también se dan cuenta de la responsabilidad que ellos tienen de satisfacer las necesidades financieras de sus familias y de proporcionar liderazgo moral. Es factible que esta clase de hombres continúen el camino y se informen en la Biblia y en el modelo de matrimonio que aparece allí. También es posible que comprendan que hay una «obligación sagrada de usar el poder familiar que ellos tienen para servir a su hogar».[55]

*E*studios en todo el mundo indican que las mujeres... eligen para relaciones románticas y para casarse, a hombres que están en la búsqueda de logros y posición social. Ellas quieren a aquellos que aspiren a ser reyes, guerreros (protectores que les hacen sentir seguras), magos (hombres que tienen poderes mágicos que conducen al éxito), amantes (hombres que hacen a las mujeres partes de esa búsqueda).[56]

Michael Gurian

El deseo que sienten las mujeres por los hombres fuertes se adapta a la mentalidad de héroe que «es creada biológicamente en la mente de ellos».[57] Y estudios científicos respaldan esto. Un repaso de más de veinte estudios sobre la felicidad matrimonial llega a la conclusión de que las parejas con esposas dominantes eran las menos felices y que las esposas de uniones con esposas dominantes eran menos felices que sus esposos. En otras palabras, los matrimonios parecen funcionar mejor cuando «las esposas pueden influenciar a sus esposos» pero no intentan dominarlos o faltarles el respeto.[58]

*S*i el matrimonio significa reunir a una persona que ha sido creada para la conquista y la afirmación y a otra con una inclinación por la crianza y el cuidado, no debe sorprendernos descubrir que la primera es, de alguna manera, la cabeza de la familia ... Esto no quiere decir que él domine como un absoluto dictador. De hecho, es aún bastante común escuchar que esposas cálidas y femeninas tienen a sus esposos fuertes y masculinos «envueltos entre sus pequeños dedos». Las mujeres felices por lo general dominan de manera indirecta. Pueden hacerlo porque sus esposos las aman y quieren complacerlas... En estos casos, las dos partes son felices.[59]

Dr. Steven E. Rhoads

A la mayoría de los hombres no les atraen las mujeres que intentan controlarlos.[60] Estudios demuestran que a los hombres «les disgustan completamente» las tendencias dominantes en sus parejas femeninas.[61] ¿Por qué? Esto se remonta a la creación biológica del cerebro masculino para conquistar. Cuando ellos tienen éxito, «logran un aumento placentero de testosterona; cuando fallan, pierden o se sienten menospreciados, experimentan una disminución de testosterona».[62]

Aunque las mujeres parecen ser creadas para sentir inclinación por hombres que las guían, ellas también necesitan que las valoren y honren, que sean leales y las respeten. La dominación masculina es buena para los matrimonios cuando es «moderada, no autocrática».[63] Entonces, aunque a las mujeres les atraen los hombres fuertes y masculinos, ellas no quieren que sean tiranos. De hecho, las mujeres con frecuencia se divorcian de los hombres que se comportan como dictadores despiadados y las menosprecian.[64]

Cómo honrar la creación del otro

La mente de ellos esta creado para evaluar y comprender cosas, personas, sistemas y su relación con otros elementos. De igual forma, se activa y está formado para hacer y reparar, contrario a la mente de ellas, que esta diseñada para relacionar emociones y palabras, amigos y amistades, cuidado y comprensión. No es sorpresa que los hombres se definan a sí mismos por sus trabajos y logros, lo que ganan, reparan y solucionan y las mujeres por sus afiliaciones y relaciones por las personas que les importan.

Ellas son creadas para las relaciones y se definen por la calidad de las mismas, debido a sus centros verbales grandes y activos, las fuertes conexiones entre sus sistemas emocionales y verbales y el anhelo de criar e interconectar motivado por la oxitocina y el estrógeno. Además de esto, su mente está equipada con el diseño de Dios a fin de ser deseada y perseguida, tener una aventura para compartir con su héroe y que se le reconozca y descubra su verdadera belleza interior.

*Walt puede desear tener batallas para pelear, pero prin-
cipalmente, yo quiero que pelee por mí. El corazón femenino quiere que luchen por él, que lo aprecien y honren. No
es sorpresa que de niñas pequeñas nos sintamos atraídas
por historias en las que el caballero rescata a la princesa
secuestrada, el soldado atraviesa las paredes para liberar
a la dama cautiva, el marinero con capa y espada libera a
la damisela angustiada.*

*Mientras que Walt puede necesitar abordar una gran
aventura para satisfacer la manera en que fue creado,
yo también necesito ser parte de algo más grande que yo.
Por supuesto, reconozco que construir una familia, tener
y criar a nuestros hijos es participar en algo mucho más
grande que yo. Pero hay algo más. Aunque quiero seguridad y algo de estabilidad, también preciso saber que soy
una parte esencial de la aventura de él. No necesito forzo-
samente estar en el sendero, a bordo del barco o en la selva,
pero quiero estar incluida.*

*Walt puede procurar una bella para rescatar, pero yo
tengo un lado seductor y escondido que necesita ser descubierto. Cuando era una niña pequeña, me alegraba con la
aprobación y el afecto de mi padre. Cuando era adolescen-
te, quería encantar a algún joven. Como esposa, necesito
saber que tengo el corazón de mi esposo y atraigo sus ojos,
y solo él puede asegurarme que estoy haciendo eso.*

*Walt y yo tuvimos una crisis cuando nos acercamos
al final de este libro. La fecha de entrega se acercaba y
teníamos una gran cantidad de trabajo por hacer. Cuando faltaban cuarenta y ocho horas, con un casamiento al
que teníamos que asistir y un pariente muy querido hospi-
talizado debido a un posible derrame cerebral, Walt y yo
nos encontramos trabajando en diferentes habitaciones.
Yo bajé cuatro capítulos a la oficina de él, pero no había
entendido con exactitud lo que él necesitaba que yo hiciera. Él cerró el libro de un golpe y yo respondí de la misma*

manera. Las palabras que nos decíamos eran duras y crueles. Yo huí a la seguridad de la cocina y lloré.

Después de un rato, Walt se acercó a mí y me abrazó. Me dijo que ningún libro o fecha de entrega era más importante que yo. Él podría dejar de escribir el libro y regresar el anticipo al editor con tal de no perderme. Él no lastimaría mi corazón solo para completar el libro.

Walt podría haberme dicho que fuera fuerte. Podría haber intentado entrenarme para terminar siendo fuerte. Podría haber intentado recomendarme que me mantuviera firme. No hizo ninguna de estas cosas masculinas. En cambio, valoró y protegió mi corazón femenino. Con actitud inteligente me recuperó en vez de herirme o asustarme.

Por supuesto, las esposas también deben honrar la creación de la mente de sus esposos. Las esposas inteligentes reconocerán la sabiduría del consejo del terapeuta matrimonial Michael Gurian: «Puede notar que a él le da placer y orgullo repasar sus logros y potencial ... A medida que le brinda detalles ... ocurre algo hermoso y misterioso: él se une a usted a través de la presentación de sí mismo ante su persona».[65]

Si él no ha hecho nada heroico en un día o en una semana puede sentirse como un fracasado e intentar superar este sentimiento al vivir a través de los logros de su estrella deportiva favorita ... o de algún tipo de competencia. Incluso si lo hace en un juego de póquer ... , tal vez se sentirá mejor, porque después de todo, ha superado un desafío, ha actuado heroicamente, con libertad y poder.[66]

Michael Gurian

Una esposa inteligente también reconocerá que la manera de pensar de los hombres puede tener puntos débiles. Generalmente ellos no procesan por completo los pensamientos o las emociones antes de actuar. No siempre ven todos los riesgos o las consecuencias posibles. Y muchas veces no se dan cuenta de su propio poder, de la fuerza de sus acciones y en especial de sus palabras. Sin embargo, son creados para responder a las esposas que los aman y respetan lo suficiente como para decir: «No creo que te hayas dado cuenta, pero en realidad lastimaste a nuestro/a hijo/hija/amigo/amiga cuando hiciste ... o cuando dijiste...»

Por ejemplo, después de que Scott, nuestro hijo, terminara de cortar y regar el césped una tarde, le pidió a su padre que saliera para ver si el trabajo estaba terminado, porque concluir bien su tarea era un requisito indispensable para ir a un evento de la escuela. Él y Walt salieron. Antes de que pasara mucho tiempo, Scott entró enojado y llorando. Mientras lo consolaba, él se descargó y me dijo que su papá nunca aprobaba nada de lo que hacía, nunca era lo suficientemente bueno. «Papá siempre encuentra algo mal».

Yo me di cuenta de que Walt solo quería que su hijo hiciera sus tareas de una manera excelente. Sin embargo, él podía mejorar la manera en que se comunicaba con Scott. Esa tarde, caminamos por el patio. Yo le dije a Walt: «¿Sabías que Scott estaba muy herido después de que inspeccionaste su trabajo esta tarde?»

Walt me miró con incredulidad. «¡No! ¿Estaba herido? ¿Por qué?» preguntó

Le expliqué: «Yo me imaginé que no te habías dado cuenta. Walt, Scott necesita tu estímulo y afirmación. Quiere hacer un buen trabajo para ti y ganar tu aprobación, pero lo lastimas con la manera en que le contestas». Me quedé callada un momento para darle tiempo para que procesara lo que le había dicho. Pude ver que recibía mi mensaje sin estar a la defensiva y supe que me estaba comunicando con eficacia con él. Y continuamos con una maravillosa charla sobre cómo Walt podría mejorar la manera en que calificaba la tarea de su hijo. A la semana siguiente, después que Scott había completado su tra-

bajo en el patio, tanto el padre como el hijo entraron rien-
do. Scott me hizo un gesto de aprobación y yo supe que su
padre lo había hecho mejor.

Barb comprendió que los hombres son creados no solo para conquistar sino también para ser admirados. Me hizo un llamamiento mostrándome no solo cómo había herido y desalentado a mi hijo sino también cómo podía mejorarlo. ¡Verdaderamente somos mejores cuando estamos juntos que cuando estamos separados!

Referencias

1. John Eldredge, *Wild at Heart: Discovering the Secret of a Man's Soul*, Nelson, Nashville, 2001, p.4-5.
2. Michael Gurian, *What Could He Be Thinking? How a Man's Mind Really Works*, St. Martin's, New York, 2003, p.34.
3. Ibid., p.40-41.
4. Citado en Gurian, *What Could He Be Thinking? p.44.*
5. Anne Moir y David Jessel, *El sexo en el cerebro: la verdadera diferencia entre hombres y mujeres*, Dell, New York, 1992, p.40.
6. Citado en Theresa Crenshaw, *The Alchemy of Love and Lust*, Putnam, New York, 1996, p.158, 184.
7. Citado en Christina Hoff Sommers, *La guerra contra los chicos*, Simon & Schuster, New York, 2000, p.90.
8. Ver Rob Stein, «¿Tienen ira los hombres en la mente?», *Washington Post,* 30 de septiembre del 2002.
9. Citado en Steven E. Rhoads, *Taking Sex Differences Seriously*, Encounter Books, San Francisco, 2004, p.135.
10. Citado en Anne Campbell, *A Mind of Her Own*, Oxford Univ. Press, New York, 2002, p.105.
11. Citado en Rhoads, *Taking Sex Differences Seriously, p.168.*
12. Ver A.D. Pelegrini y Jane C. Perlmutter, «Juegos violentos en el patio de la escuela primaria», *Young Children* 43, no. 2, 1988, p.14-47.
13. Ver Eleanor E. Maccoby, *The Two Sexes: Growing Up Apart, Coming Together,* Mass.: Belknap, Cambridge, 1998, p.102.
14. Ibid., p. 62-64.
15. Gurian, *What Could He Be Thinking? p.64.*
16. Citado en Kingsley R. Browne, *Biology at Work: Rethinking Sexual Equality* (New Brunswick, N.J.: Rutgers Univ. Press, 2002.
17. Ver Simon Baron-Cohen, enviado en invierno del 2005, *Phi Kappa Phi Forum:* *www.findarticles.com/p/articles/mi_qa402 6/is_2005 0 1 /ai_n13486678*, 12 de abril del 2007.
18. Eldredge, *Wild at Heart,p. 9.*
19. Ibid.
20. Gurian, *What Could He Be Thinking? p.46.*
21. Mateo 3:17.
22. Juan 1:12-13.
23. Ver Salmos 40:17; 18:19; Sofonías 3:17.
24. Ver Lucas 15:10.
25. Ver Deuteronomio 7:7; Filipenses 1:8.
26. Ver Juan 17:23.
27. Juan 10:28.
28. Ver Romanos 7:24; Gálatas 1:4; 2 Timoteo 4:18; 2 Pedro 2:9.
29. Nehemías 4:14.
30. Citado en Jerome H. Barkow, Leda Cosmides y John Tooby, «La mente adaptada: psicología evolutiva y la generación de la cultura», Oxford Univ. Press, New York, 1992, p.538.
31. Ver David C. Geary, *Male, Female: The Evolution of Human Sex Differences,* American Psychological Association, Washington DC, 1998, p.219.
32. Citado en Maccoby, *Two Sexes, p.39.*

33. Ibid., p.37.
34. Crenshaw, *Alchemy of Love and Lust, p.104.*
35. Ver Campbell, *Mind of Her Own, p.116-17.*
36. Helen Fisher, *The First Sex: The Natural Talents of Women and How They Are Changing the World,* Random House, New York, 1999, p.29.
37. Ver Geary, *Male, Female, p.250-51.*
38. Ver Campbell, *Mind of Her Own,* 55,99.
39. Crenshaw, *Alchemy of Love and Lust, p.184.*
40. Steven E. Rhoads, «El argumento en contra del matrimonio andrógino», *The American Enterprise: www.taemag.com/issues/articleid.17048/article_ detail. Asp,* 12 de abril del 2007.
41. Citado en Sarah Blaffer Hrdy, *Mother Nature: A History of Mothers, Infants, and Natural Selection,* Panteón, New York, 1999, p.137-39.
42. Ibid., p.137, 537-38.
43. Citado en J. A. Russell, A. J. Douglas y C. D. Ingram, «Preparaciones del cerebro para la maternidad-cambios adaptativos en el comportamiento y en el sistema neuroendocrinal durante el embarazo y la lactancia. Un repaso», *Progress in Brain Research* 133, 2001, p.1-38.
44. Citado en Lynne E. Ford, *Women and Politics: The Pursuit of Equality,* Houghton-Mifflin, Boston, 2002, p.285.
45. Rhoads, *Taking Sex Differences Seriously, p.193.*
46. Myriam Khlat, Catherine Sermet y Annick Le Pape, «La salud de las mujeres en relación con sus roles en la familia y el trabajo: Francia a comienzos de 1990», *Social Science and Medicine* 50, no. 12, junio del 2000, p.1807-25.
47. «Motherhood Today-A Tougher Job, Less Ably Done: As American Women See It» «La maternidad de hoy en día- una tarea difícil y que se realiza con mucha menos capacidad: Tal como lo ven las mujeres de los Estados Unidos de América», enviado el 9 de mayo de 1997, *Pew Research Center: http://people-press.org/dataarchive/#1997,* 12 de abril del 2007.
48. Citado en Rhoads, «El argumento en contra del matrimonio andrógino».
49. Citado en Rhoads, *Taking Sex Differences seriously, p.11.*
50. Ver Alan Wolfe, *Whose Keeper? Social Science and Moral Obligation,* University of California Press, Berkeley, 1991, p.164.
51. Ver Brad C. Gehrke, «Resultados de la investigación AVMA de 1997 en los hogares que tienen mascotas en Estados Unidos de América sobre el uso de servicios y gastos veterinarios», *American Veterinarian Medical Association* 211, no. 4, 1997, p.417-18.
52. Citado en Rhoads, *Taking Sex Differences Seriously, p.193.*
53. Citado en Rhoads, «El Argumento en contra del matrimonio andrógino».
54. Ibid.
55. Citado en Rhoads, *Taking Sex Differences Seriously, p.262.*
56. Gurian, *What Could He Be Thinking?, p. 62.*
57. Ibid., p.63.
58. Bernadette Gray-Little y Nancy Burks, «Poder y satisfacción en el matrimonio: repaso y comentario», *Psychological Bulletin* 93, no. 3, 1983, p.513-38.
59. Rhoads, *Taking Sex Differences Seriously, p.262.*
60. Ver Campbell, *Mind of Her Own, p.72, 110, 116.*
61. Rhoads, *Taking Sex Differences Seriously, p.152.*
62. Ibid., p.153.
63. Gray-Little and Burks, «Poder y satisfacción en el matrimonio», p.513-38.

64. Citado en Rhoads, *Taking Sex Differences Seriously,* p.78.
65. Gurian, *What Could He Be Thinking? p.63.*
66. Ibid.

LA MENTE DE ÉL —SUSTENTO; LA MENTE DE ELLA —SEGURIDAD

MIENTRAS BARB Y YO ESCRIBÍAMOS ESTE CAPÍTULO, NOS TOMA-mos un momento de esparcimiento para disfrutar de la *La pequeña tienda de los horrores*, una obra que representa una vuelta a los años cincuenta. En realidad ya había visto el musical con anterioridad, pero me interesaba la respuesta del público. Cuando Audrey, uno de los personajes principales, comenzó a cantar acerca de sus sueño de casarse y escarpar de Skid Row, miré a mi alrededor al público en edad universitaria, en su mayoría mujeres jóvenes, y esperé que respondieran con risas o indignación. Pensé que sabía lo que sobrevendría, ¡pero me llevé una sorpresa!

Al principio, vi rostros sonrientes mientras Audrey iniciaba su canción sobre el deseo personal de tener una casa pequeña en una caja de fósforos con una barbacoa en el patio y un cerco elegante. Cuando Audrey en su canto expresaba su anhelo de tener la casa ordenada y limpia, mientras el esposo hacía las tareas en el exterior de la casa, vi que los rostros de algunas de las mujeres más jóvenes se tornaron un poco tensos.

«¡Se volverán locas!», pensé, mientras la protagonista seguía cantando en voz baja sobre cocinarle una comida frizada a su esposo y ver juntos su comedia preferida en su colosal televisor de doce pulgadas. Sentí el murmullo de carcajadas entre la multitud mientras se imaginaban sus TV de pantalla grande. Pero también vi lágrimas, muchas lágrimas. Me asombró la respuesta del público cuando Audrey terminaba la canción de la casa que ella se imaginaba y que no solo quedaba lejos de Skid Row, sino que salía publicada en el magazín Mejores casas y jardines.

La multitud, cuya mayoría yo suponía que estallaría en ira o resentimiento si cualquiera se atreviera a expresar tales sentimientos en una conversación de todos los días, estalló en aplausos. Estaba sorprendida de cómo adoptaban un personaje teatral que verbalizaba las necesidades y deseos creados divinamente que están dentro de cada uno de nosotros.

A pesar de que tales pensamientos de un matrimonio y un hogar tradicionales parecen no ser populares entre muchos que quieren dirigir nuestros valores culturales, éstos reflejan exactamente las diferencias entre la mente de él y la de ella cuando se trata de sustento y seguridad, ya que ella desea la seguridad que él le proporciona al sustentarla económicamente junto a su familia, y también protegerla.

La mayoría de nosotros, a menos que hayamos vivido en otro planeta o ignoremos por completo a las mujeres, sabemos que ellas quieren seguridad. Y la mayor parte de las mujeres reconoce que los hombres quieren proteger y sustentar a sus esposas y familias. Ya no debería sorprenderle saber que estas diferencias se manifiestan parcialmente en la química de nuestro cerebro.

La química del cerebro y la felicidad en el hogar

Una de las diferencias biológicas más profundas entre el cerebro masculino y el femenino son los altos niveles de oxitocina de las mujeres.

Aunque ellas pueden conseguir vínculos afectivos fuera del hogar, sus niveles más altos de oxitocina se dan cuando están seguras en un matrimonio feliz que les permite formar un hogar confortable donde pueden tener, cuidar y criar a sus hijos. La oxitocina las inclina hacia la permanencia del vínculo, el cuidado de la casa, los hijos y la familia.[1] De modo que, cuando las mujeres buscan un compañero para toda la vida quieren, por supuesto, un esposo que sea atento, sincero, interesante y fiel.[2] Y también procuran hombres que las mantengan.[3] Para ellas un hombre que las sostenga económicamente es importante porque, si se les da a elegir, la mayoría recibe su mayor satisfacción siendo ama de casa y criando a sus hijos. Incluso si desempeñan otra actividad, ellas continúan tomándose muy en serio el rol de ama de casa [4] y hasta pueden sentirse traicionadas si sus esposos se hacen cargo de lo que ellas consideran son sus responsabilidades en el hogar.[5]

Entonces, ¿cómo afecta al matrimonio la necesidad innata de la mujer de tener un hogar? Considere algo simple como lavar los platos. Barb y yo vemos la cristalería de manera diferente. Para mí está limpia si se enjuaga la mayoría de la comida y la suciedad. Para Barb no está limpia hasta que brilla. Existen razones biológicas detrás de todo esto ya que los hombres y las mujeres literalmente ven las cosas de manera distinta. Como hombre mis ojos perciben muchos menos detalles que los de Barb. Pero quizá el factor más importante es que una copa reluciente es una prioridad mucho menos importante para mí que para Barb.

> *P*ara una mujer, para quien el hogar no es un motel sino el telón de fondo de las relaciones valiosas para ella, la copa sucia es un reproche implícito a sus propios valores ... A las mujeres les interesa en demasía si sus casas son lugares agradables e higiénicos en donde estar, porque en realidad lo que les importa a las mujeres, es decir, amor, cariño, relaciones, seguridad; ocurre precisamente en el hogar.[6]
>
> **Dra. Anne Moir**

La verdad es que la mayoría de mis amigos hombres ven que sus esposas hacen casi toda la limpieza del interior la casa porque los hombres lo hacen muy mal. Un amigo me contó lo siguiente: «Al comienzo de nuestro matrimonio, hacía todo lo que podía para ayudar en la casa. Pero los patrones de limpieza de ella son muchísimo más elevados que los míos. Quisiera ayudar más, hacer más, pero ella me hace sentir un inepto. Dice que si hago algo en la casa, tendrá que hacerlo todo de nuevo. Eso me hace sentir pésimo. Así que cuando ella limpia la casa, me voy a trabajar en el jardín». Otro esposo dice: «Ya no pido "limpiar" la casa. En vez de eso, la mejoro. Cuando mi esposa está sobrecargada, aprecia mi esfuerzo por mejorar las cosas, pero los dos sabemos que eso no está cerca de su definición de limpieza.

En este sentido, Walt y yo tuvimos que aprender a manejar estas diferencias fundamentales en la química del cerebro y también en las percepciones. Cuando estoy deprimida o enferma, a menudo él, y con la mejor intención, trata de tensar la cuerda haciendo algunas de las tareas domésticas que yo realizo. Pero por mucho que se esfuerce, con frecuencia no logra ayudarme como desea. Una razón es que de hecho para mí es terapéutico llevar a cabo estas tareas; la segunda es que quiero que las haga de la misma manera en que las realizo.

Aprendí que la Dra. Anne Moir tiene toda la razón al explicar que cuando un esposo «se mete en líos por apilar mal los platos en el lavavajillas, por insignificante que esto sea, o por doblar mal el mantel; las hormonas acentúan una diferencia sexual básica en las actitudes y percepciones».[7]

¿Pero qué pasa con la otra cara de la moneda? ¿Las hormonas afectan el instinto masculino de sustento y protección y el deseo femenino de seguridad? Puede tener por seguro que sí. Creemos que se asombrará al ver cómo estas necesidades de sustento y seguridad creadas divinamente funcionan juntas.

Los hombres, por supuesto, están menos expuestos a la oxitocina y más dominados por la testosterona y la vasopresina. Estas los empujan a perseverar de manera agresiva para demostrar su valía a ellos mismos, a sus esposas y al mundo, en vez de quedarse en casa al cuidado de los hijos. Su independencia motivada por la testosterona y la vasopresina y su necesidad emocional de que los demás los admiren y respeten los lleva a salir de la casa para buscar su lugar en el mundo. Hacen esto para mantener a sus esposas y hacerlas felices.[8] De manera que tener éxito a la hora de sustentar a sus esposas es muy importante y hasta fundamental para la autoestima de él.

Sin embargo, muchos esposos y esposas no se dan cuenta de lo profunda e intensa que es la necesidad biológica del hombre de que se lo reconozca y admire por lograr sustentar al grupo familiar. Mantener a la esposa y la familia es como una «prueba» biológica innata en la que todo hombre quiere destacarse. Este deseo por sobresalir es exactamente lo que Dios quiso que el hombre haga y que la mujer necesita y aprecia.

Me encanta la forma en que Barbara y Allan Pease describen cómo nuestro diseño biológico y necesidades se complementan: «El impulso biológico del hombre es sustentar a la mujer, y que ella le reconozca el esfuerzo confirma el éxito de él. Si ella es feliz, el se siente realizado. Si ella no es feliz, él se siente fracasado porque piensa que no puede brindarle lo suficiente». Continúan diciendo: «Él necesita que la mujer le diga que es exitoso en lo que hace y que lo que le da está bien».[9] Está en el ADN de nuestros esposos brindarnos sustento y protección. Si se intenta usurpar o minimizar aquello para lo que nuestro esposo está creado, ponemos en peligro nuestro matrimonio.

Barb tiene razón. Nuestros matrimonios peligran si ignoramos el designio de Dios en esta área. Considere las siguientes consecuencias documentadas del desequilibrio en el sustento y la seguridad en el matrimonio:

- Las mujeres se divorcian de los hombres que no son ambiciosos y que no tienen trabajos buenos y estables.[10]
- Un esposo rara vez se siente bien cuando su esposa lo sustenta económicamente.[11]
- En parejas donde la esposa es ambiciosa y tiene ingresos altos es más probable que haya divorcio.[12]
- Los padres cultos, exitosos profesionalmente y de matrimonios de doble ingreso están menos satisfechos con su trabajo, su matrimonio y su vida personal que los hombres que son el único sostén.[13]
- Cuando el esposo y la esposa trabajan, las parejas dicen que es «más fácil para el matrimonio» cuando la profesión de la esposa es «menos exitosa económicamente que la de su esposo». Muchas mujeres opinan esto porque: (1) creen que el trabajo del esposo es importante para el «sentido de él mismo» y (2) necesitan que su esposo sea exitoso.[14]
- Las parejas hacen lo posible para ocultar los altos ingresos de la esposa y proteger el estatus del esposo como el principal sustento.[15]

*L*os índices de divorcio son mucho más altos cuando la esposa es más exitosa en su profesión que el esposo. ¿Por qué? Ni las recientemente liberadas mujeres alfa ni sus esposos beta con coraza contra impacto parecen sentirse cómodos con el intercambio de roles ... Primero, la esposa comienza a perder respeto por el esposo, entonces él empieza a sentirse anulado y el sexo queda reducido a nada.[16]

Ralph Gardner Jr.

Estas observaciones no solo se refieren al «intercambio de roles». No son sexistas ni machistas. Más bien, tratan de ignorar nuestro diseño innato y desairar el plan y la intención de nuestro Creador. No nos extraña que la Biblia condene a los hombres que no sustentan a sus familias: «El que no provee para los suyos, y sobre todo para los de su propia casa, ha negado la fe y es peor que un incrédulo».[17] El modo de provisión tiene gran impacto en la salud del matrimonio y la familia. La investigación del Dr. Steven Rhoads lo llevó a la conclusión de que «los hombres casados desempeñan bien el rol de brindar sustento ... el trabajo satisface una parte de la naturaleza del hombre. Les permite deambular más allá del fuego familiar. Les da un desahogo competitivo. El salario es un indicador tangible de progreso».[18] Y sigue diciendo: «A las mujeres les gusta cuidar a los hijos más que a los hombres, y también les agradan las tareas domésticas más que a los hombres ... Existen firmes razones para pensar que estas diferencias tienen una base biológica».[19]

Cuando la esposa trabaja fuera de la casa

Entonces, ¿qué tiene que hacer una pareja que vive en una sociedad donde el ingreso doble es cada vez más una norma? ¿Está mal que las mujeres casadas trabajen fuera de la casa? ¿Es posible sustentar una familia mientras se honran nuestras diferencias creadas divinamente? Barb y yo respondemos con un «¡No!» enfático a la primera pregunta y «Sí» a la segunda. No estamos en contra de ninguna mujer que quiera tener una profesión, pero estimamos que es fundamental sostener a nuestras familias de una manera que honre el designio de Dios y que cuide al máximo a los hijos. ¿Entonces cómo podemos lograr esto con éxito?

En primer lugar, la mujer necesita elegir ella misma si combinará ser ama de casa con su profesión. Cuando la elección la hace el esposo, la sociedad, o cualquier otra persona, es probable que se origine tirantez en el matrimonio, y que se le prive a ella de la satisfacción y alegría de ser quien ha sido llamada a ser.

$\mathcal{E}$n reiteradas oportunidades mujeres casadas me comentaron que les molesta tener que trabajar. Las mujeres con las que hablo normalmente quieren elegir entre tener una profesión y ser amas de casa, o quieren una combinación de ambas ... Quisiera, más bien, hacer hincapié en el principio de que muchas mujeres necesitan poder escoger entre trabajar o no una vez que han tenido hijos. Si optan por una profesión, el dinero que ganen no debe utilizarse para el sostén económico de la familia.[20] ... Me sorprendió observar la cantidad de mujeres que se sienten mucho mejor con sus esposos cuando el ingreso de él se usa para pagar las necesidades de ella y de los hijos.[21] ... Si hablamos de dinero y matrimonio, menos puede ser más.[22]

Dr. Willard F. Harley

En segundo lugar, cuando una mujer quiere tener una profesión, es factible que ella y su esposo quieran considerar si usar o no el dinero que ella gane para los gastos básicos. Si tenemos en cuenta la mente de él y la mente de ella, esto tiene sentido. Normalmente una mujer necesita y quiere que su esposo gane dinero para las necesidades básicas, y él está creado para hacerlo. El Dr.Willard Harley escribe «La mayoría de las mujeres no solo esperan que sus esposos trabajen, también esperan que ellos ganen lo suficiente para sustentar la familia».[23] Cuando un esposo no puede, o decide no darle a su familia lo esencial, a menudo hay conflictos en el matrimonio.

En términos sencillos, el hecho de que el esposo no provea suficientes ingresos para los gastos de la casa, ropa, transporte y otras prioridades para vivir, dado el diseño de la mente de él y la de ella, puede causar angustia en el matrimonio.

Sin embargo, siempre hay excepciones a nuestras sugerencias. Por ejemplo, mientras Walt hizo sus estudios superiores en la escuela de medicina, yo era el principal sostén de la familia. Ambos comprendimos que esto era un sacrificio y una inversión a corto plazo en su vocación y nuestro futuro que hacíamos juntos. Y sentíamos que Dios estaba contento con nuestra decisión.

Cuando un matrimonio se encuentra en la situación en que la esposa tiene una profesión con un salario que le permite aportar a la mayoría de los ingresos de la familia y algunas o todas las necesidades básicas, es necesario que la pareja reconozca a lo que se enfrentan. Recomendamos que los matrimonios oren por esto y discutan con un profesional o consejero pastoral sobre los riesgos, beneficios y consecuencias para el matrimonio y la familia.

En tercer lugar, cuando una pareja tiene un hijo, es tiempo de volver a evaluar. Esto es porque no importa cuánto las mujeres podamos amar nuestro trabajo y profesión, la química del cerebro y la biología de la mayoría de nosotras nos llevan anhelar quedarnos en casa luego de que tuvimos un hijo. En cuanto mi primera prueba de embarazo dio positivo, empecé a considerar dejar por un tiempo mi profesión como educadora y comenzar la de ama de casa y madre. Me encanta enseñar, pero sentía mi llamado interno de ser una mamá de tiempo completo. Y los hijos están creados para beneficiarse de la crianza y el amor único de una madre. Ellos buscan y desean el amor de su madre; y para la gran mayoría, nadie puede criarlos mejor que su propia madre.

Barb no estaba sola. Aunque el setenta y uno por ciento de las mamás trabajan fuera de la casa, el Pew Research Center descubrió que las mujeres están cada vez más preocupadas porque esto pueda llegar a ser perjudicial para los hijos pequeños. De hecho, solo el veintinueve por ciento de las mujeres cree que se puede criar bien a los hijos cuando el padre y la madre trabajan tiempo completo.[24] Sorprendentemente, «las personas con título universitario son más negativas con respecto al aumento de las madres que trabajan fuera de la casa que aquellas sin experiencia universitaria (el cuarenta y siete por ciento contra el treinta y ocho dijo que era algo malo).[25]

La Dra. Janice Shaw Crouse expresa: «Sin lugar a dudas algo hay que ceder y la familia tiene que colaborar para hacer posible que ambos trabajen ... Demasiadas parejas se dieron cuenta muy tarde que hicieron esa elección sin saber decidir qué era lo más importante. Las mujeres sabias reconocen que no se puede tener todo al mismo tiempo. Deben aceptar que si fueron bendecidas con un hijo, es importante que le den máxima prioridad a él».[26]

Si descuida la crianza de sus hijos, no creo que cualquier otra cosa que realice importe mucho [27]

Jackie Kennedy

Investigadores han demostrado lo que casi toda madre con hijos pequeños sabe: para las madres con hijos menores de dieciocho años, la relación con ellos es el aspecto más importante de sus vidas y esto es cierto en madres de niños y niñas en edad preescolar. De hecho, el ochenta por ciento de ellas dice que su profesión de mamá tiene prioridad sobre todos los otros roles.[28] En su libro *7 Mitos acerca de las madres que trabajan,* Suzanne Venker sostiene que «si se viera la maternidad como el trabajo de tiempo completo que es, no se la consideraría una labor extra, y las mujeres se inclinarían menos a tratar de lograr un equilibrio entre su profesión y la maternidad, solo para descubrir, después de muchos años de estrés, que no pueden hacerlo».[29]

En mi caso, fue mas fácil pensar en volver al trabajo después de que Kate naciera, al menos hasta que nació. Cuando la tuve en mis brazos, acaricié y amamanté, sentí el instinto abrumador que tienen las mujeres de cuidar a sus hijos. Sabía que no había nadie a quien pudiese contratar que cuidara mejor a mi hija que yo misma. Sin embargo, Walt, sin la ventaja de mis hormonas femeninas trabajando en su cerebro, tuvo una postura distinta.

La pragmática mente masculina cuestionará si tiene sentido desde el punto de vista económico que la mamá se quede en casa a criar a sus hijos pequeños. ¡Desde luego que lo hice! Asumí las razones que decían que «El costo de mantener una familia es tan alto que para sobrevivir económicamente el padre y la madre *deben* trabajar». No escuchaba o ignoraba a aquellos que sostienen que «Los costos de que el padre y la madre trabajen, es decir, costos económicos reales, no emocionales y relacionados con el estrés, son tan altos que normalmente es mejor para la ella, el hijo y la familia que la mamá se quede en casa».[30] Ni tampoco me daba cuenta de lo que la investigación ahora demuestra con claridad: las madres que trabajan tiempo completo tienen que cargar con las presiones del tiempo y los esfuerzos para lograr un equilibrio entre la maternidad y otros aspectos de sus vidas. [31]

¿*Qué* les ocurre a las mujeres que tienen que trabajar fuera de la casa, y también, cuidar al esposo, los hijos y la casa? A menudo, el resultado es madres enojadas, cansadas, y desesperadas por una casa que se parezca a un hogar y por más tiempo con sus hijos ... No parar nunca en un mundo competitivo puede funcionar para los hombres pero no para muchas mujeres que quieren quedar embarazadas y cuidar a sus hijos ... Amar es hacer algo ... Quién mejor que la madre para brindar amor y cuidado?» [32]

Dr. Steven E. Rhoads

El Dr. Willard Harley escribe «Algunas personas bien intencionadas, con la excusa de que defienden los derechos de las mujeres, alientan a todas ellas a desarrollarse en una profesión, porque ven el trabajo como un derecho y un privilegio. No obstante, no tienen en cuenta que una mujer también tiene el derecho y el privilegio de ser ama de casa y madre de tiempo completo».[33]

Cómo darle a ella mayor
seguridad emocional

A través del tiempo comprobé que tanto los hombres como las mujeres desean seguridad, y cada uno de nosotros necesita diferentes tipos de estabilidad. Por ejemplo, para las mujeres, la necesidad de seguridad es primordial y está predeterminada en los circuitos cerebrales y respuestas hormonales. Ahora, su necesidad de seguridad no trata únicamente de dinero.

Ser sostenidas económicamente es importante para las mujeres, tanto que muchas de ellas buscan un trabajo de medio tiempo, o tiempo completo, para acrecentar el aporte del esposo. Y esto se vuelve insignificante en comparación con la necesidad más profunda de saber que sus maridos las aman y cuidan de ellas y sus hijos. Cuando el esposo proporciona ese tipo de seguridad, la biología y sustancias bioquímicas de la mujer responden de una manera asombrosa y saludable.

Sin embargo, la mayoría de los esposos no comprende esta verdad. Interpretan la necesidad de seguridad de su esposa como la prioridad de trabajar más horas para proveer a su familia de más cosas y darle mayor solvencia económica. Así es como piensan los esposos, no sus esposas. Me sorprendió saber que un estudio reveló que el setenta por ciento de las mujeres casadas preferiría pasar dificultadas económicas a tener que tolerar problemas con su esposo.[34]

Cuando pensaba en la seguridad como esposa y madre joven, no lo hacía principalmente con mi casa, mi cuenta bancaria o la educación de mis hijos. A mí y a la mayoría de las mujeres, la seguridad emocional y en la relación, es lo que más nos interesa. Son fundamentales para nuestra salud y nuestra psiquis. Estamos creadas para responder de maneras maravillosas cuando nos sentimos seguras emocionalmente y unidas a nuestro esposo. Necesitamos saber que él estará allí para nosotras sin importar las cir-cunstancias que nos rodeen.

Con los años, Barb y yo descubrimos que puedo hacer-la sentir más segura no solo con lo que hago para susten-tarla y protegerla, sino con lo que digo y la forma en que lo manifiesto. Tardé años pero aprendí a tener en cuen-ta el sabio consejo del terapeuta familiar y de pareja Dr. Willard Harley: «La sensación de seguridad es el hilo de oro que entreteje las cinco necesidades básicas de una mujer. Si el esposo no mantiene una comunicación abierta y sincera con su esposa, debilita su confianza y finalmen-te destruye la seguridad de ella. Para sentirse segura, una esposa debe confiar en que su esposo le da información exacta sobre su pasado, presente y futuro».35

Asimismo, aprendí que cuando le digo a Barb la ver-dad, toda la verdad y nada más que la verdad, en realidad estoy afirmando seguridad. Sin embargo, encontré que muchos esposos no siguen esta táctica. Eligen «proteger» a sus esposas de la verdad de la vida de ellos o de lo que sienten.

Porque sé que Walt siempre es sincero conmigo, ya sea acerca de nuestras finanzas, sus preocupaciones, cómo me veo, o lo que tengo puesto, me está comunicando que sabe que puedo manejar la verdad. Porque es sincero conmigo, no tengo que preocuparme por falsas impresiones ni men-tirillas.

Y la buena noticia es que ayudar a la mujer de nues-tra vida a sentirse segura emocionalmente es más fácil que quebrarse el cuerpo para ganarse el pan de cada día. Barb y yo aprendimos este principio cuando Kate cumplió seis años.

Estábamos concluyendo la cena cuando llamó mi papá para desearle feliz cumpleaños a Kate. Luego de hablar con ella, lo hice yo con él. Cuando levanté el teléfono, mi papá dijo: «¡Felicitaciones!». Por un momento me confun-dió. ¿Felicitaciones por qué? No me acordaba de nada que había hecho que mereciera las congratulaciones de mi padre. Después, mi papá dijo algo que me emocionó profundamente: «Un tercio de tu vida con Kate se terminó»

Me tomó unos minutos darme cuenta de la verdad que me comunicaba. A los dieciocho años, Kate tal vez se iría de nuestra casa. Seis años pasaron volando, así que nuestro festejo marcaba el final de un tercio de su vida en casa. Al instante supe lo que mi padre intentaba decirme con delicadeza y prudencia: «Hijo, es necesario que estés en casa, que estés allí para tu familia».

Trabajaba duro como médico de familia con mucha práctica profesional, casi el equivalente a dos trabajos de tiempo completo. Quería sustentar a Barb y a mis hijos. Pretendía que tuviéramos lo mejor posible como un fondo para la universidad, vacaciones, una linda casa y muebles. Estaba en camino a hacerlo, pero también había llegado muy lejos.

En realidad, el Señor usó las palabras de mi papá para condenarme por la necesidad de mi familia de mantenerme más tiempo en casa. Podía trabajar más duro y comprar más cosas, o podía trabajar menos y tener más de mí para darles. Barb y yo tuvimos largas charlas sobre la diferencia en lo que necesitábamos y queríamos, y lo que pensábamos que nuestros hijos necesitaban y querían. Me di cuenta que estar en casa era mi *verdadero* trabajo.

Mi salud emocional y la de mi relación, y mi seguridad aumentaban cuando Walt estaba en casa. Kate, Scott y yo necesitábamos a Walt más que el dinero que ganaba. Creo que fue un gran alivio para Walt darse cuenta de que aunque yo disfrutaba el dinero extra, lo que en realidad precisaba era al mejor amigo, esposo y padre de nuestros hijos.

Cómo darle a él mayor seguridad emocional

La mente de un hombre está creada y programada para la responsabilidad de ser el sostén de la familia y de su esposa. La Biblia lo llama a este rol, y la biología lo obliga a llevarlo a cabo. Cuando hace esto, él siente mucha satisfacción, si bien tiene otra necesidad que lo relaciona con su seguridad emocional, tranquilidad y apoyo familiar.

El sistema completo de una mujer esta creado y programado para las relaciones, conexiones, charlas e intercambio. De modo que es difícil para la mayoría de las mujeres darse cuenta cómo los hombres están diseñados para la necesidad de espacio y momentos de tranquilidad. Aunque ellos saben que su compromiso con el matrimonio significa menos tiempo para el esparcimiento, las mujeres pueden contribuir con el bienestar dándoles al menos algo de tiempo libre, algún período de inactividad para que él se relaje y practique algún deporte o afición fuera de la casa.[36] Ellos también se benefician cuando la esposa le da prioridad al hecho de tener un ambiente familiar ordenado y atractivo.

El Dr. Harley escribe: «La necesidad de apoyo familiar es una bomba de tiempo». Al principio parece irrelevante, una vuelta a épocas primitivas»[37] Sin embargo, en la mayoría de los matrimonios existe una concesión mutua implícita entre el esposo y la esposa. Cada uno espera que el otro contribuya con el apoyo familiar. Sin embargo, si él es el principal sostén de la casa, espera y necesita que su esposa atienda y cuide la casa y los hijos. En la medida que ella le brinde esta clase de apoyo familiar, él suele disfrutar y conseguir estar satisfecho con su responsabilidad de sustentar a su familia con el ingreso que esta requiere.

No pensamos que sea anticuado o machista observar que los hombres, con mas continuidad que las mujeres, tienen esta necesidad emocional de que se les atienda. Y muchas veces, las mujeres también poseen el requerimiento emocional de brindar tal atención. El hombre necesita no solo que su esposa se encargue del cuidado de la casa y los hijos, sino que asimismo a él lo cuide con frecuencia, constancia y dedicación. Harley observa: «Tradicionalmente, las esposas han asumido la mayoría de las responsabilidades de la casa y cuidado de los hijos, mientras que los esposos se han hecho responsables de proveer ingresos para la familia»[38] A nuestro modo de ver, esto refleja la manera en que la mente de él y la de ella están diseñados. De hecho, investigaciones han demostrado que incluso en matrimonios de doble ingreso, los hombres realizan en promedio menos de la mitad de las tareas domésticas y de cuidado de los hijos que las esposas que trabajan.[39] Además, los hombres se divorcian de las mujeres que no son buenas amas de casa.[40]

Sin embargo, se está volviendo una rutina, en particular en casas de doble ingreso, que esposos y esposas compartan las obligaciones domésticas. De hecho, una encuesta nacional reciente informó que «alrededor del 62 por ciento de los adultos dice que compartir las tareas de la casa es muy importante para el éxito del matrimonio. Sobre está pregunta no hay diferencia de opiniones entre hombres y mujeres, o entre adultos y adultos jóvenes».[41]

La buena noticia es que una mujer puede ser una influencia poderosa en el fortalecimiento de su esposo y su matrimonio si comprende las hormonas y el diseño de la mente de él cuando se trata de trabajo, aventura y sustento familiar. El hecho es que las mujeres están creadas y programadas para atender al esposo, la familia y la casa. Ellas actúan en el cuidado del terreno familiar.[42]

Esto se ajusta al diseño innato de la mente de él y la de ella, y es positivo. Asimismo, es probable que una mujer que apoya y atiende las necesidades emocionales y familiares de su esposo tenga un compañero que con agrado y cortesía le brinda seguridad económica y emocional. Al lograr un equilibrio entre las necesidades de la mente de él como la de ella, el matrimonio se vuelve más feliz y más fuerte.

Referencias

1. Michael Gurian, *What Could He Be Thinking? How a Man's Mind Really Works*, St. Martin's, New York, 2003, p.147.
2. Ver Linda Mealey, *Sex Differences: Developmental and Evolutionary Strategies*, Academic Press, San Diego, 2000, p.272.
3. Ver David M. Buss, *The Evolution of Desire*, Basic Books, New York, 1994, capítulos 2-3.
4. Ver Steven E. Rhoads, *Taking Sex Differences Seriously*, Basic Books, San Francisco, 2004, p.35.
5. Ver Ibid, p.257.
6. Anne Moir y David Jessel, *Sexo en el cerebro: la verdadera diferencia entre hombres y mujeres*, Dell, New York, 1992, p.151.
7. Ibid.
8. Ver Gurian, *What Could He Be Thinking? p.147-48.*
9. Barbara y Allan Pease, *Why Men Don't Listen and Women Can't Read Maps: How We're Different and What to Do about It*, Broadway Books, New York, 2000, p.137.
10. Citado en Steven E. Rhoads, «El argumento en contra del matrimonio andrógino», *The American Enterprise: www.taemag.com/issues/ articleid.17048/article_detail.asp,* 12 de abril del 2007.
11. Citado en Willard F. Harley Jr., *His Needs, Her Needs: Building an Affair-Proof Marriage*, Revell, Grand Rapids, 2001, p.118.
12. Citado en Rhoads, *Taking Sex Differences Seriously, p.61.*
13. Citado en Linda Thompson y Alexis J. Walker, «El género en la familia: Las mujeres y los hombres en el matrimonio, el trabajo y la maternidad y la paternidad», *Journal of Marriage and Family* 51, 1989, p.853.
14. Citado en Janice M. Steil, *Marital Equality: Its Relationship to the Well-Being of Husbands and Wives*, Thousand Oaks, Calif.: Sage, 1997, p.50-55.
15. Ibid.
16. Ralph Gardner Jr., «Mujeres alfa, hombres beta: Las esposas ganan cada vez más que sus esposos, pero el nuevo músculo financiero de ellas hace estragos en el hogar, enviado el 17 de noviembre del 2003, *New York Magazine: www. newyorkmetro.com/nymetro/news/features/n_94 9 5/,* 12 de abril del 2007.
17. 1 Timoteo 5:8.
18. Rhoads, *Taking Sex Differences Seriously,p. 253.*

19. Ibid, p.256.
20. Harley, *His Needs, Her Needs, p.*124-125.
21. Ibid, p.126.
22. Ibid, p.130.
23. Ibid, p.124.
24. Citado en «La maternidad de hoy en día- Una tarea difícil y que se realiza con mucha menos capacidad: Tal como lo ven las mujeres de los Estados Unidos de America», enviado el 9 de mayo de 1999, Pew Research Center: *http:// people-press.org/dataarchive/#1997,* 12 de abril del 2007.
25. Ibid.
26. Citado en Jessica Anderson, «Mitos de la maternidad», enviado el 29 de agosto del 2005, *Concerned Women for America*: *http://www.cwfa.org/ articledisplay. asp?id=8806 &department=BLI &categoryid=family,* 28 de julio del 2007.
27. Citado en Ibid.
28. Citado en «La maternidad de hoy en día- una tarea difícil y que se realiza con mucha menos capacidad»
29. Suzanne Venker, 7 *Myths of Working Mothers: Why Children and (Most) Careers Just Don't Mix,* Spence, Dallas, 2004. Citado en «Acerca de este libro», *Spence Publishing Company*: *http://www.spencepublishing com/books/ index. cfm? action=Product& ProductI D= 79.*
30. Ver Ric Edelman, «¿Ambos, padre y madre, deben trabajar. Los pro y los contra», enviado en el 2002, *About.com*: *http://homeparents.about.com/cs/ familyfinances/a/bothwork.htm.,* 12 de abril del 2007.
31. Ver «La maternidad de hoy en día- una tarea difícil y que se realiza con mucha menos capacidad».
32. Rhoads, *Taking Sex Differences Seriously, p.259.*
33. Harley, *His Needs, Her Needs, p.*125.
34. Citado en Shaunti y Jeff Feldhahn, *For Men Only: A Straightforward Guide to the Inner Lives of Women,* Sisters, Ore.: Multnomah, 2006, p.77.
35. Harley, *His Needs, Her Needs, p.*95.
36. Ver Rhoads, «Argumento en contra del matrimonio andrógino».
37. Harley, *His Needs, Her Needs, p.*192.
38. Ibid, p.135.
39. Ibid, p.136.
40. Citado en Rhoads, «Argumento en contra del matrimonio andrógino»; ver también Philip Blumstein y Pepper Schwartz, *American Couples: Money, Work, and Sex,* Morrow, New York, 1983.
41. «El matrimonio moderno: "Me gustan los abrazos. Me gustan los besos. Pero lo que en realidad me encanta es lavar los platos"», enviado 18 de julio del 2007, *Pew Research Center*: *http://pewresearch.org/pubs/542/modern-marriage,* 27 de julio del 2007.
42. Catherine Hakim, *Work-Lifestyle Choices in the Twenty-First Century,* Oxford Univ. Press, New York, 2000, p.100.

11

Capítulo

La mente de él —respeto; la mente de ella —amor

Ya sea que los hombres tengan siete o setenta y siete años, los altos niveles de testosterona y vasopresina los lleva a responder al respeto y admiración, a la valoración y aprobación. Cuando las esposas comprenden la necesidad que ellos tienen de ser admirados y afirmados y perciben el trabajo, pasatiempos o intereses de sus esposos, ellas juegan un papel muy importante en reafirmar la necesidad que ellos tienen de saber que se los necesita. Sin importar lo grandes «que sean los logros de ellas, es esencial que le permitan a los hombres brillar porque de lo contrario no recibirán todo el amor que desean de ellos».[1]

> La creación y las hormonas de los hombres los llevan a gritar: «¡Mírame a mí! Mira lo que yo puedo hacer», y oculto con eso: «Tú todavía me necesitas, ¿no?» Como trabaja doce horas por día, necesita que se requiera de él.[2]
>
> **Michael Gurian**

Si el requerimiento que ellos tienen de sentirse respetados, valorados y necesitados por sus esposas no se satisfacen, los hombres a menudo abandonarán a sus esposas, ya sea física o emocionalmente. Si ellas eligen faltarles el respeto, desvalorizarlos, deshonrarlos o desacreditarlos todo el tiempo, especialmente en público, ellos se distanciarán. En este sentido, pueden pasar más tiempo en el trabajo, con sus pasatiempos o mirando televisión, en la computadora o con cualquier persona que satisfaga su necesidad hormonales y predeterminadas. Si la falta de respeto o admiración continúan, ellos abandonarán a sus esposas.

Yo sé que Walt, como todos los hombres, tiene una profunda necesidad de que le tengan confianza y de ser admirado por sus colegas y especialmente por mí. Él se sentirá más atraído hacia mi persona y más unido si aprecio y admiro lo que él hace por mí y por nuestros hijos. El Dr. Willard Harley les recuerda a las mujeres que «la admiración honesta es una gran inspiración para la mayoría de los hombres. Cuando las mujeres le dicen a los hombres que ellas piensan que son maravillosos, eso los motiva a lograr más».[3] Entonces, es esencial que yo le diga a Walt: «Me encanta que me digas y demuestres que me amas, pero también me fascina el hecho de que seas un buen esposo, buen padre y tan bueno en tu trabajo». Y me gusta recordarles a las mujeres que nosotras necesitamos comenzar por reconocer lo que nuestros esposos ya hacen bien, no lo que podrían hacer o incluso lo que deberían lograr. Esto no es una técnica o una guía de instrucciones; es sencillamente comprender el diseño de él.

Ella es creada para ser amada, amada, amada

Ya sea que tengan siete o setenta y siete años, las muchachas y mujeres tienen mentes creadas para proporcionar amor y cuidado. Ninguna relación tiene mayor impacto hormonal en las mujeres que la de ser amadas por hombres que están comprometidos con ellas de por vida. Quienes comprenden esto y dicen a sus mujeres que las aman tienen un rol crucial en reafirmar el sentido que ellas poseen de ser necesitadas y amadas. Sin importar los logros que ellos alcanzaron, estos se verán opacados en comparación con el hecho de amar a sus esposas e hijos.

Es crucial que los hombres amen a sus esposas sin reservas y de manera constante para hacer frecuentes depósitos en la cuenta de ahorros emocional de ellas. Mientras más depositen en esta cuenta, ellas tendrán más disponible para devolverles. Nosotros los hombres necesitamos comprender y recordar que la prioridad que ellas tienen de ser amadas de manera reiterada, recurrente y repetitiva está fundamentada en la creación de ellas. Cuando se sienten sostenidas, abrazadas y escuchadas por sus esposos, ellas experimentan un maremoto de hormonas, en especial de oxitocina, que aumentará el vínculo afectivo y el deseo por ellos. La creación y las hormonas de ellas las llevan a decir: «sostenme», «abrázame» y «dime que me amas».

Se necesitan dos para bailar tango

La influencia hormonal y el diseño de cada uno en la pareja son fundamentales para complementar y reforzar al otro. A medida que los hombres amen a sus esposas y les demuestran afecto, ellas serán más capaces y estarán dispuestas a respetarlos y admirarlos. Debido a su creación, ellos responden a esto amándolas aún más. El consejero matrimonial y pastor, Dr. Emerson Eggerichs describe cómo funciona esto: «Cuando los esposos sienten que les faltan el respeto, tienen una tendencia natural a reaccionar de maneras que hacen pensar que ellos no aman a sus esposas. Cuando las esposas sienten que no les aman, tienen inclinación a reaccionar de maneras que hacen pensar que ellas les faltan el respeto a sus esposos. Sin amor, ellas reaccionan sin respeto. Sin respeto, ellos reaccionan sin amor y proceden así hasta el cansancio».[4]

Cuando hay conflictos en un matrimonio, las muje-res son buenas para lanzar dardos verbales y los hombres son buenos para obstaculizar. Cada vez que me escucho a mi misma quejarme, criticar o llorar, a menudo intento decirle a Walt: «¡Necesito tu amor!» Y cada vez que él está muy callado o retraído o reacciona con severidad, me dice: «¡Necesito que me respetes!» Cuando Walt se enoja por algo que yo he dicho o hecho y no comprendo el motivo, existen muchas posibilidades de que él sienta que le he faltado el respeto. En una encuesta nacional, más del 80 por ciento de los hombres dijo que cuando tienen un conflicto con sus esposas, es muy probable que sientan que les faltan el res-peto.[5]

Los hombres necesitan esposas que sean mejores moti-vadoras que recriminadoras. Ellos ya reciben demasiadas críticas del mundo. Este es el motivo por el cual detrás de la mayoría de los hombres exitosos hay esposas que admi-ran y afirman. Ellas necesitan valorar y apreciar a sus hombres por lo que son y las características positivas que tienen, no por lo que podrían llegar a ser o las caracterís-ticas que sus esposas quisieran que ellos tuvieran.

Shaunti Feldhahn les recuerda a las mujeres: «Somos poseedoras de un increíble poder y responsabilidad en nuestras manos. Tenemos la capacidad de fortalecer o tirar abajo a nuestros hombres. Podemos tanto fortalecer-los como desmoralizarlos de maneras que van más allá de nuestra relación porque el respeto en el hogar afecta todas las áreas de la vida de los hombres ... Así como a nosotras nos encanta escuchar: "te amo", el corazón de los hombres se emociona poderosamente con unas pocas palabras sen-cillas: "estoy tan orgullosa de ti"».[6] El Rey Salomón escri-bió: «La esposa de carácter noble es la corona de su esposo, pero una esposa vergonzosa es como la descomposición de sus huesos».[7]

Del otro lado de la moneda y en referencia con la mente de ambos, está el hecho de que detrás de toda mujer felizmente casada hay un hombre que la ama, aprecia y le demuestra un afecto tierno. La Biblia enseña: «Esposos, amen a sus esposas y no sean duros con ellas».[8] Esto me ha ayudado a comprender que Barb encuentra mi afecto como algo esencial. Ella esta creada para necesitar y responder a las palabras afectuosas, tiernas y a mis caricias, por lo menos varias veces por día. El afecto tiene mayor significado para las mujeres que cualquier otra cosa que el hombre pueda imaginar. Barb adora el sentimiento que obtiene de la ráfaga de oxitocina cuando soy cariñoso con ella. Esto no tiene nada que ver con el sexo; y sí con la manera en que ella fue creada.

> *P*ara la mayoría de las mujeres, el afecto simboliza seguridad, protección, comodidad y aprobación, que son cosas de vital importancia para los ojos de ellas ... El afecto es el entorno del matrimonio, mientras que el sexo es un acontecimiento. El afecto es una forma de vida, una atmósfera que cubre y protege el matrimonio ... La mayor parte de las mujeres que aconsejé tenía ansias de recibir afecto. Intento cada día ayudar a sus esposos a comprender el placer que las mujeres sienten cuando se satisface esta necesidad... que es probablemente la necesidad emocional más profunda de ellas.[9]
>
> **Dr. Willard F. Harley**

Cuando le dejo saber a Walt lo mucho que lo necesito, admiro y respeto por lo que me brinda a mí y a nuestra familia, él está dispuesto a darme afecto e intimidad a los que respondo debido a la manera en que he sido creada. Nuestros mentes son formadas de tal manera que cuando nos dedicamos a las necesidades de nuestros esposos o esposas, ellos o ellas se sienten atraídos a satisfacer dichas necesidades. Es más probable que recibamos lo que requerimos de nuestros esposos o esposas cuando satisfacemos lo que requieren.

El amor se incentiva y seguirá fluyendo en los matrimonios que evidencien los siguientes atributos:

No hagan nada por egoísmo o vanidad; más bien, con humildad consideren a los demás como superiores a ustedes mismos. Cada uno debe velar no solo por sus propios intereses sino también por los intereses de los demás.

La actitud de ustedes debe ser como la de Cristo Jesús:

Quien, siendo por naturaleza Dios, no consideró ser igual a Dios como algo a qué aferrarse.

Por el contrario, se rebajó voluntariamente, al tomar la naturaleza de siervo.[10]

A Barb y a mí nos enseñaron a dejar de lado nuestros deseos egoístas al servir primero a nuestro Creador y luego a nuestros esposos o esposas y satisfacer sus necesidades. Si elegimos no seguir este rumbo, nuestro matrimonio comienza a debilitarse.

La Biblia da una razón por la que vemos tantos matrimonios con problemas, incluso en nuestra comunidad de fe. «Porque donde hay envidias y rivalidades, también hay confusión y toda clase de acciones malvadas».[11] Si usted busca satisfacer sus propias necesidades o exigir que su pareja complazca las suyas sin buscar primero resolver las de él o ella, probablemente esto provocará confusión o la posible destrucción de su matrimonio. Nuestro Creador, que formó las mentes, roles, necesidades, fortalezas, debilidades y puntos débiles en cada sexo, presenta un plan diferente en la Biblia: En el matrimonio, el esposo y la esposa deben «someterse uno a otro».[12]

Ellos son responsables del amor en sacrificio

La Biblia dice a los esposos: «Esposos, amen a sus esposas, así como Cristo amó a la iglesia y se entregó por ella».[13] En otras palabras, yo tengo que amar a Barb de la misma manera en que Dios me ama. Tengo que entregarme a Barb con amor en sacrificio, como Cristo se sacrificó por mí. La Biblia también expresa: «Asimismo, el esposo debe amar a su esposa como a su propio cuerpo. El que ama a su esposa se ama a sí mismo, porque nadie ha odiado a su propio cuerpo; al contrario, lo alimenta y lo cuida, así como Cristo hace con la iglesia, porque somos miembros de su cuerpo».[14] Entonces, tengo que amar a mi esposa como a mi propio cuerpo, porque de hecho, ella y yo somos uno. Finalmente, la Biblia enseña: «Esposos, amen a sus esposas y no sean duros con ellas».[15]

El «primer trabajo» para los esposos es amar en sacrificio a sus esposas por encima de sus trabajos, hijos, diversiones o pasatiempos. Después de nuestra relación personal con Dios, nuestras esposas son la prioridad número uno. ¿Es fácil esto? No. A veces puede parecer imposible y depende de nuestro *propio* poder y fuerza. Este no es solo un trabajo a la medida de los hombres, es un trabajo a la medida de Dios. Requiere que el amor sobrenatural de Dios actúe en nosotros y a través de nosotros.

A lo largo de los años practiqué amar a Barb usando algunos de los versos que se conocen como de «uno al otro» en las Escrituras, donde existen más de cuarenta. Cuando reemplazo con el nombre «Barb» las palabras «uno al otro», estos versos describen un nivel elevado de amor en sacrificio. No siempre lo logro de manera correcta, pero el cuadro 5 muestra solo algunas pocas maneras que escogí para demostrar mi amor hacia Barb.

Cuadro 5 – Versos de «uno al otro»

Estímulo en las Escrituras	En lo que estoy trabajando
Estar en paz con Barb.[16]	Estoy aprendiendo a comunicarme con ella y a estar en desacuerdo de manera agradable.
Ser fiel a Barb.[17]	Me pongo en contacto con ella durante mi jornada de trabajo y evito situaciones en las que pueda estar solo con otra mujer.
Ánimo a Barb.[18]	Encuentro diferentes maneras para expresarle mi amor hacia ella cada día, ya sea con palabras o con un abrazo.
Edifico a Barb.[19]	Encuentro maneras para elogiarla todos los días por todo lo que hace por mí y por nuestros hijos.
Sirvo a Barb humildemente con amor.[20]	Le comunico mi amor hacia ella al encontrar pequeñas maneras para servirle todos los días, como por ejemplo me levanto temprano para prepararle café todas las mañanas.
Honro a Barb por encima de mí mismo.[21]	Hablo bien de ella a otras personas y estoy aprendiendo a evitar desprestigiarla o burlarme en público.
Saludo a Barb con un beso santo.[22]	La beso cuando me despierto, cuando dejo la casa, cuando llego a casa y cuando nos acostamos.
Nunca busco irritar a Barb.[23]	Me mantengo pendiente de no hacer cosas que molesten a Barb e intento evitarlas cuando es posible.
Perdono a Barb.[24]	Estoy aprendiendo a perdonar y olvidar. Cuando me enojo o me irrito contra Barb, intento no traer viejas quejas, no «ponerme histórico».
Soy paciente con Barb.[25]	Tuve que ajustar mis expectativas y hacerlas más realistas. Yo la amo al esperarla.
Soy tolerante con Barb.[26]	Trato de tener paciencia con ella.

Para la mente femenina, el amor es un alimento. Es el sustento de ellas. No pueden florecerse sin él. Ellas no pueden brillar si usted no se lo provee.

Ellas son responsables del respeto en sacrificio

El Creador de la mente masculina deja claro el rol principal de las esposas cuando enseña: «la esposa respete a su esposo».[27] Mientras que a Walt le ordenan amarme en sacrificio, a mí me ordenan respetar a Walt en sacrificio. Según el designio divino, respetar a los esposos es el «primer trabajo» para las esposas. ¡Esto puede parecer imposible a veces! Sin embargo, ellos no pueden prosperar sin él.

> *L*a necesidad que tienen los hombres de ser respetados y admirados, especialmente por sus esposas, es tan importante que la mayoría de ellos sentiría que no les aman si carecieran de ellos. [28]
>
> **Shaunti Feldhahn**

Los hombres son creados para responder de manera positiva al respeto y admiración en sacrificio de sus esposas de la misma manera en que nosotras somos creadas para responder a ellos cuando nos aman, honran, alimentan y quieren. Parte del designio divino para los matrimonios sagrados, felices y contentos es que las esposas, como demostración de respeto en sacrificio hacia nuestros esposos, debemos incentivarles y permitirles que tengan el liderazgo en nuestros matrimonios. Sin embargo, este no es solo un trabajo a la medida de las mujeres; es un trabajo a la medida de Dios. Requiere que el amor sobrenatural de Dios actúe en nosotros y a través de nosotros.

He tenido la posibilidad de conocer a cientos de mujeres que son fuertes, capaces y talentosas. Pero las que intentan demostrar estas características dominando a sus esposos terminarán ahuyentándolos. Si las mujeres eligen guiar, dominar o gobernar en sus matrimonios, ellas no deben sorprenderse si dejan a sus esposos fuera del ámbito familiar.

Jessica es una amiga cercana. Es una mujer fuerte, atractiva y talentosa. Es muy bien educada y tiene dos hijos hermosos. Cualquier cosa que puedan hacer los hombres en su trabajo, ella, francamente, puede hacerlo mejor. Después de todo, así es como la criaron, para ser fuerte, ganarse su camino, y obtener respeto. Desafortunadamente para su esposo, no pudo darse cuenta de que ella y sus hijos habían sido creados para que él les guíe en la casa. A través de la falta de respeto y el ridículo constante y molesto de ella, él se rindió a ser la sombra incompetente y sin compromisos del esposo que pudo haber sido.

Respetar a Walt es una prioridad en mi matrimonio:

- *He elegido seguir, dentro de lo mejor de mis habilidades y con la ayuda de Dios, el designio de Dios para mí y para mi matrimonio.*
- *He elegido demostrar mi fuerza y talento femenino al respetar a Walt, incentivarlo y permitirle que me guíe a mí y a nuestros hijos.*
- *He elegido seguirlo y hacer todo dentro de mis posibilidades para permitirle ser el líder que fue creado para nuestra familia.*
- *Cuando me he sentido tentada a ser la líder de nuestra familia, he elegido en cambio orar por Walt, por mí y por nuestro matrimonio.*
- *He decidido hablar bien de él cuando estoy a su lado y hablar de él de manera positiva cuando estoy con mis amigas.*
- *He decidido ser fuerte en mi apoyo hacia él.*
- *He decidido alentarlo en lugar de criticarlo.*

Creo que estas elecciones hacen que nuestro matrimonio sea mucho más fuerte y gratificante.

El amor es griego para mí

La Biblia resume todo lo que decimos en este capítulo en un solo versículo: «En todo caso, cada uno de ustedes ame también a su esposa como a sí mismo, y que la esposa respete a su esposo».[29] Cuando Pablo les enseña a los esposos a «amar» a sus esposas, utiliza el verbo griego *agapao*. Este verbo se usa en este versículo en un sentido actual. Se podría traducir como: «continuar amando», «amor sin interrupción» o «seguir amando». El Creador reconoce la necesidad que sembró en la mente y el corazón de todas las mujeres y que la misma continúa a lo largo de la vida.

La palabra griega que se traduce como «respeto» es *phobeomai,* que significa «sentirse intimidado» o «reverenciar». Las mujeres no solo deben tener gran estima por sus esposos; también deben valorarlos mucho.

«Todo lo que necesita es amor»

Los escritores griegos usaban varias palabras diferentes para expresar aspectos del «amor».

* **Storage (Amor familiar)** describe el afecto, especialmente entre los miembros de las familias, como el amor de los padres por los hijos.

* **Philandros (Amor a sus maridos)** describe el afecto de las esposas por los esposos.

* **Philoteknos (Amor a sus hijos)** describe el afecto de las madres por los hijos.

* **Eros (Amor Eros)** describe el amor romántico y apasionado (pero también puede significar amor sexual o erótico) como el amor del deseo entre los esposos y esposas.

* **Phileo (Amor filial)** describe una profunda amistad, lealtad o afecto por la familia o los amigos queridos.

* **Agape (Amor ágape** o la forma verbal, **agapao**) es el tipo de amor que Dios nos da y el amor que los esposos deben brindar a sus esposas. Significa amar en un sentido moral o en sacrificio.

La teóloga Avery Cardinal Dulles escribe: *«Eros* y *ágape* van juntos como dos fases de amor ideal. Si no recibimos, no tendremos nada para dar; y si no estamos dispuestos a dar, no estaremos espiritualmente preparados para recibir. En su máxima expresión, los dos tipos de amor se refuerzan entre sí».[30]

Dios conoce las necesidades de la mente de sus esposos y que sus esposos son creados para responder a su respeto y admiración, especialmente cuando se demuestra a través de acciones y palabras. Yo creo que este respeto debe ser en sacrificio como el amor que Dios ordena que nos concedan nuestros maridos.

¿Por qué no hay ninguna enseñanza en la Biblia para que las esposas les concedan amor a sus esposos? Yo creo que es porque el Señor ha creado a las mujeres para amar y criar en sacrificio, después de todo, somos creadas de esa manera. La sensibilidad y compasión son parte de la naturaleza única de la mente de ellas. El Creador no tiene que enseñarles a hacer algo para lo que ya fueron diseñadas en primer lugar.

Sin embargo, la Biblia les indica a las mujeres mayores a «aconsejar a las jóvenes a amar a sus esposos (philandros) y a sus hijos (philoteknos)».[31]

Cómo amarse y respetarse uno al otro

Cuando se trata de respeto y admiración, los hombres describen tres necesidades claves:

1. Respeto por mis opiniones.
2. Respeto por mi capacidad.
3. Respeto por mí en público.[32]

La próxima vez que sus esposos, de manera obstinada, conduzcan en círculos, pregúntense a ustedes mismas qué es más importante: llegar a tiempo a la fiesta o los sentimientos íntimos de ellos. Sin respuesta.[33]

Shaunti Feldhahn

Cuando se trata del amor, las mujeres describen cinco necesidades claves:

1. Demuéstrame que me amas al prestarme atención constantemente.
2. Demuéstrame que me amas al buscarme constantemente.
3. Demuéstrame que me amas al abrazarme constantemente.
4. Demuéstrame que me amas al ayudarme en la casa y con los niños constantemente.
5. Demuéstrame que me amas al decirme que soy hermosa para ti.[34]

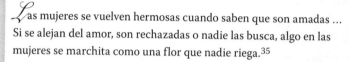

Las mujeres se vuelven hermosas cuando saben que son amadas ... Si se alejan del amor, son rechazadas o nadie las busca, algo en las mujeres se marchita como una flor que nadie riega.[35]

Stasi Eldredge

Creados por Dios para complementarse entre ellos

Para que quede claro, las esposas necesitan el respeto y la admiración de sus esposos. De hecho, la Biblia enseña: «ustedes esposos, ... traten cada uno a su esposa con respeto».[36]

Y los hombres necesitan mucho amor y afecto de sus esposas. De hecho, la Biblia enseña a las mujeres: «a amar a sus esposos».[37] Pero la necesidad básica y fundamental de la mente masculina es la de recibir y responder al respeto y admiración de ellas.

La necesidad primordial de la mente femenina es la de recibir y responder al amor *(ágape)* de ellos.

El cerebro y las hormonas de las esposas son creados para responder al amor de sus esposos. Mi trabajo como esposo cariñoso es el de ser el espejo de mi esposa, reflejarle lo adorable que ella es para mí y para su Creador.

Yo sé que ella desea escuchar estas cosas no solo en palabras sino también en gestos románticos como flores, tarjetas, llamadas, fechas, cenas, tiempo juntos, ayuda con las tareas y conversaciones.

La mente de mi esposo esta creada para responder cuando yo digo: «Te admiro y te respeto. Confío en ti para que guíes a nuestra familia. Aprecio todo lo que haces por mí y por los niños. Gracias por trabajar tan duro. Gracias por amarme también». Él no solo necesita escucharme decir esas cosas, sino que responde de manera espectacular cuando me escucha decirles a otras personas estas cosas sobre él.

Siente un gran placer cuando es respetado y admirado. Cuando sabe que lo respeto y admiro y que aprecio que conozca mis necesidades y expectativas, él generalmente vuelve hacia atrás para hacerme feliz. Y mientras más me ama, más capaz soy de amarle a él.

En la medida en que más entiendo el diseño y creación de Walt, más fácil es para mí comprenderlo y hacerlo feliz. Y cuando él percibe mi respeto, confianza y admiración, es capaz de sentir mi amor más profundo hacia él. Entonces, él quiere amarme mejor y yo quiero amarlo más. Nuestro amor por el otro esta creado para ser cada vez más profundo, amplio y maravilloso.

Referencias

1. Michael Gurian, *What Could He Be Thinking? How a Man's Mind Really Works,* St. Martin's, New York, 2003, p.126.
2. Ibid.
3. Willard F. Harley Jr., *His Needs, Her Needs: Building an AffairProof Marriage,* Grand Rapids: Revell, 2001, p.156.
4. Emerson Eggerichs, *Love and Respect: The Love She Most Desires; The Respect He Desperately Needs,* Integrity, Nashville, 2004, p.16.
5. Shaunti Feldhahn, *For Women Only: What You Need to Know about the Inner Lives of Men,* Sisters, Ore.: Multnomah, 2004, p.25.
6. Ibid., p.48-49.
7. Proverbios 12:4.
8. Colosenses 3:19.
9. Harley, *His Needs, Her Needs, p.*38, 44-46.
10. Filipenses 2:3-7.
11. Santiago 3:16.
12. Efesios 5:21 RSV.
13. Efesios 5:25.
14. Efesios 5:28-30.
15. Colosenses 3:19.
16. Ver Marcos 9:50.
17. Ver Romanos 12:10.
18. Ver 1 Tesaloniences 4:18.
19. Ver 1 Tesaloniences 5:11.
20. Ver Gálatas 5:13.
21. Ver Romanos 12:10.
22. Ver Romanos 16:16.
23. Ver Gálatas 5:26.
24. Ver Colosenses 3:13.
25. Ver Efesios 4:2.
26. Ver ibid.
27. Efesios 5:33.
28. Feldhahn, *For Women Only, p.22.*
29. Efesios 5:33.
30. Avery Cardinal Dulles, «Amor, el Papa y C. S. Lewis», *First Things,* enero del 2007, p.20-24, *First Things: www.firstthings.com/article.php3?id_ article=5393,* 12 de abril del 2007.
31. Tito 2:4 NASB.
32. Ver Feldhahn, *For Women Only, p.28-48.*
33. Ibid., p.32-33.
34. Ver Shaunti y Jeff Feldhahn, *For Men Only: A Straightforward Guide to the Inner Lives of Women,* Sisters, Ore.: Multnomah, 2006, p.15-17.
35. John Eldredge y Stasi Eldredge, *Captivating: Unveiling the Mystery of a Woman's Soul,* Nelson, Nashville, 2005, p.112.
36. 1 Pedro 3:7; ver también 1 Timoteo 3:11 y 1 Pedro 2:17.
37. Tito 2:4.

CUARTA PARTE

COMPLEMENTOS *Perfectos*

LA BELLEZA DE LA CREACIÓN DE DIOS

CREADOS PARA SER UNO SOLO
POR DESIGNIO DE DIOS

CUANTO MÁS APRENDEMOS SOBRE LA CIENCIA ACERCA DE CÓMO funciona la mente, más nos sorprendemos del maravilloso regalo que Dios nos dio para disfrutar por medio de su designio para el matrimonio. Ahora que compartimos algo sobre cómo funciona la mente tanto de él como de ella, pasemos a la historia de la creación y exploremos en profundidad lo que la Biblia nos revela sobre la intervención del Creador en la formación del cerebro de ambos.

La Biblia nos cuenta cómo fue creado el primer hombre, Adán: «Y Dios el SEÑOR formó al hombre del polvo de la tierra, y sopló en su nariz hálito de vida, y el hombre se convirtió en un ser viviente»[1] La palabra hebrea «formó» es *yatsar*, que literalmente significa «dar forma apretando» o «modelar». Se la utiliza comúnmente para describir qué pasa cuando un alfarero da forma a una vasija de arcilla o una tinaja de barro. Los eruditos hebreos dicen que también se la puede traducir como «determinar» o «crear, formar, elaborar, hacer, idear»[2]

Asimismo, la Biblia emplea un término completamente diferente para describir la creación de la primera mujer: «Dios el SEÑOR hizo una mujer».[3] Moisés nos dice que Dios no creó a la mujer de la misma forma en que lo hizo con el hombre. Dios no «formó», o *yatsar,* a la mujer como al hombre; a ella la *banah-ed.* Esta palabra hebrea que generalmente se traduce «hizo», «construyó» o «creó»[4] describe una realización distinta.

Banah quiere decir, en sentido literal y figurado, «diseñar y construir de manera compleja» En otras referencias de las escrituras, se utiliza para describir la intrincada construcción del templo, altar, casa o ciudad. Se usa para representar el diseño y la construcción planificados de hermosos y complejos elementos. Por ejemplo, los artesanos *banah-ed* el templo de Salomón.

A diferencia del hombre, a quien se le dio forma con la mano del Creador, la mujer fue diseñada y hecha de manera diferente. Al hombre se lo *modeló* de arcilla, pero la creación de la mujer se compara con la formación, diseño y ejecución habilidosa de las piezas de arte y las obras maestras de la arquitectura.

Esta diferencia en la creación de la mujer me ayuda a entender por qué las Escrituras describen al esposo como el protector de la esposa. Ella es una obra de arte muy delicada y valiosa. Él es el envoltorio creado para protegerla, preservarla de rayones, grietas, cortes y malos tratos que le quitarían belleza y valor.

Al hombre se lo modela como la arcilla; a la mujer se la diseña y construye como una obra de arte preciosa para que sea bella, firme y duradera. Él es rural y práctico; ella es la joya, la corona. Ambas, la ciencia *y* las escrituras, parecen indicar que a partir de la concepción, el hombre y la mujer, es decir, la mente de él como la de ella, son claramente distintos.

Ella es el complemento de Adán

Moisés nos dice que al final de cada día de la creación antes de formar al hombre «Dios consideró que esto era bueno».[5] Pero después que Dios puso al hombre en el jardín del Edén, él estaba solo. El Creador vio esto y, escribe Moisés, «Luego el SEÑOR dijo: "No es bueno que el hombre este solo. Voy a darle una ayuda adecuada"».[6]

Un erudito observa que «Cuando Dios concluyó que crearía otra criatura para que el hombre no permaneciera en soledad, decidió hacer «una fuerza igual que él», alguien cuya capacidad emocional, relacional y espiritual fuese similar a la del hombre. La intención no era que la mujer fuera simplemente una ayuda para el hombre. Ella sería su compañera».[7]

Las dos palabras hebreas que forman la frase traducida como «ayuda adecuada» también pueden significar «un igual o la pareja perfecta», «un opuesto que encaja a la perfección» o «una ayuda perfecta para él». Ciertas veces podrá escuchar a la gente utilizar el término inglés *helpmeet* o *helpmate,* que en español significa esposa, como si fueran palabras compuestas. Sin embargo, en el idioma original son dos palabras separadas que tienen significados distintos.

El sustantivo «helper» (en español «ayuda») es *ezer* en hebreo, en la mayoría de las traducciones modernas. Puede significar «alguien que socorre». La palabra *socorrer*, un término pasado de moda, da la idea de «alguien que salva en una situación extrema», «alguien que nos libra de la muerte», «ayuda o auxilio que se brinda en caso de peligro», o «alguien que nos proporciona ayuda».

Esta palabra puede describir la acción de alguien que le da agua a una persona que está muriendo de sed. Representa a alguien que pone un torniquete a una persona que le sangra el brazo y por ende le salva la vida. La palabra evoca una noción diferente a la idea de una empleada o ayuda doméstica. Porque la palabra inglesa *helper* puede tener varias connotaciones, puede no expresar con exactitud el verdadero significado de la palabra hebrea *ezer*. El término hebreo no sugiere el rol subordinado que puede indicar el término inglés *helper*.

Lejos de estar subordinada o ser una empleada doméstica, se describe a la mujer como la salvadora del hombre, quien lo rescata de la esclavitud de la soledad, ineficiencia e ineficacia de vivir y satisfacerse solo. Este sí que es un pronunciamiento asombroso. ¿Por qué? ¡Aparte de este pasaje, la palabra *ezer* se usa en la Biblia para describir solo el trabajo de Dios mismo! Dios es el socorro, la ayuda o *ezer* de Israel en tiempos de desolación. Él es la «ayuda», *ezer,* quien realiza por su pueblo lo que nosotros no podemos hacer por nosotros mismos, quien satisface nuestras necesidades.

En un comentario se señala que «en este contexto la palabra parece expresar la idea de una "compañera indispensable"» La mujer proveerá al hombre lo que a él le faltaba en el diseño de la creación, y asimismo se deduce que el hombre proveerá a la mujer de lo que ella carecía, aunque esto no se diga aquí.[8] ¡No debemos inferir de esto que el Creador cometió un error ni mucho menos! Más bien, él creó al hombre y la mujer con la necesidad del otro. Ella es el regalo de nuestro Padre, diseñado y creado para el hombre, nuestra pareja perfecta.

La mujer como la ayuda del hombre, tal como lo revela el idioma original usado por Moisés, es la esposa que completa a su esposo. Es ella quien está diseñada y creada para «salvarlo» de la soledad, «protegerlo» de sus puntos poco resistentes y «fortalecerlo» en aspectos en los que él es débil.

*M*uchos hebreos, ancianos y modernos, consideran la soledad como la negación de la vida auténtica. Para ellos la verdadera vida no es individual, sino corporativa y social ... La palabra hebrea traducida como «solo» («No es bueno que el hombre este solo») tiene un perfil de separación y hasta de enajenación ... El pensamiento hebreo era que los seres humanos vivan en la medida que se relacionen en su entorno con las personas con quienes comparten la vida y el amor.[9]

Samuel Terrien

También es necesario que prestemos atención al término traducido como «adecuada», la palabra hebrea *neged*. *Neged* puede traducirse como «lo que está delante de él» o «una parte opuesta, complemento o compañera». *Neged* (o *kenegdo*) significa «según lo opuesto de él». Las traducciones que usan palabras como «adecuada» o «adecuada para», «que hace juego» o «correspondiente a» todas parecen capturar la idea.

El concepto que aquí se evidencia es que la mujer no está creada para permanecer detrás del hombre, ni siquiera al lado de él. Más bien, se la representa delante de él o enfrente de él. Ella y él son la pareja perfecta. Ella es la aliada que encaja perfectamente; cómplice y camarada. Y coherente con la personalidad de Dios, ella no le fue impuesta a Adán. Porque, Dios creó al hombre y sabe que él tendrá que descubrir esto por si solo. De modo que el Señor espera con amor hasta que Adán se da cuenta de su necesidad relacional: «Así que el hombre fue poniéndole nombre a todos los animales domésticos, a todas las aves del cielo y a todos los animales del campo. Sin embargo, no se encontró entre ellos la ayuda adecuada para el hombre»[10]

En toda la creación, Adán no encuentra su *ezer neged*. Entonces, «Dios el SEÑOR hizo que el hombre cayera en un sueño profundo y, mientras dormía, le sacó una costilla y le cerró la herida. De la costilla que le había quitado al hombre, Dios el SEÑOR hizo una mujer y se la presentó al hombre».[11]

Este relato divino de la creación, con su hermoso y cuidado lenguaje poético, muestra a la mujer creada para hacer pareja con el hombre. Ella está acorde con él y dotada para que su fuerza haga juego con la debilidad de él y su visión armonice con los puntos poco resistentes de él. No es de extrañar que el Creador dijera, cuando miró al hombre, «No es bueno que el hombre este solo».[12]

La historia no solo la describe a ella librándolo del vacío de la enajenación y la soledad, sino que sutilmente relata todo un potencial contacto entre un hombre y una mujer que puede estar contenido solo dentro de una relación de sacrificio para toda la vida, lo que las escrituras más tarde llamarán matrimonio.

¡Vaya, vaya!

Dios creó a Adán y le dio lo que precisaba incluso antes de que Adán se diera cuenta de su necesidad. Luego de crearla a ella, «Dios el SEÑOR ... se la presentó al hombre»[13]

Adán, al ver por primera vez las curvas y belleza de la mujer desnuda, se queda boquiabierto. La paráfrasis de los Larimore de las palabras de Adán es esta:

> ¡Guau! Vaya, vaya! Justo a tiempo! Esta escultura sexy y femenina es maravillosa! Será parte de mí, me completará. Fuerte donde soy débil, débil donde soy fuerte. Mi pareja! Mi pareja perfecta!

Sin embargo, las traducciones más comunes tienen menos inspiración: El hombre exclamó, «es hueso de mis huesos y carne de mi carne».[14]

Las expresiones «hueso de mis huesos» y «carne de mi carne» no hacen referencia a la mujer como una criatura secundaria sacada de la principal, sino a una relación total y completa. «Hueso» y «carne» comunican un espectro de características humanas que van desde la fuerza de los huesos a la suavidad de la carne. Una mezcla compleja de ambos, fuerza y debilidad, algunos atributos fuertes y otros débiles, para cada sexo.

Como podrá imaginarse, los huesos sin la carne (tendones, nervios y músculos) no sirven, como la carne sin los huesos. El diseño de ambos, esposo y esposa, es para que sean más fuertes y eficaces juntos que separados. El designio divino es que el hombre y la mujer en matrimonio trabajen en unidad, sean iguales como partes complementarias de un todo potencialmente fuerte y poderoso.

Adán se convierte en esposo

Luego Adán exclama: «Se llamará "mujer" porque del hombre fue sacada».[15] En la historia de la creación, el «hombre» y «ser humano» (en hebreo *adam),* quien había estado solo e incompleto, es descripto ahora como lo que yo llamo «un verdadero hombre».

En hebreo, Adán se denomina *iysh* (pronunciado «eesh») palabra que describe un hombre con roles muy particulares. Es este caso asume la función de esposo, compañero, pareja, protector y sustento de aquella que fue diseñada para ser la pertenencia más valiosa y honrada de él, su esposa, ahora llamada *ishah en hebreo.*

Moisés nos dice de manera inteligente que los hombres y las mujeres serán diferentes y al mismo tiempo constituirán una unidad. Esto puede suceder únicamente en el matrimonio, una relación entre un hombre y una mujer instituida divinamente para compartir y que tiene un propósito específico. La mujer fue creada para rescatar al hombre de su soledad y de su estado incompleto. Además fue formada con especial cuidado para responder a él y provocar una respuesta en él.

Es por eso que creemos que Dios hizo a la mujer diferente a la manera en que creó al hombre. Los diseñó distintos y de maneras diferentes para que puedan completarse, hacer pareja y fortalecerse mutuamente. Sin la mujer, el hombre no fue, no es, ni será todo lo que puede ser.

Este antiguo relato bíblico es tan nuevo como la ciencia actual. Señala la monogamia como el estado ideal entre un hombre y una mujer, unidos en una sola carne como esposo y esposa.

Partida y unión

Moisés continúa con el relato de la creación y hace lo que hubiese sido un pronunciamiento sorprendente para la gente de su época: «Por eso el hombre deja a su padre y a su madre, y se une a una mujer, y los dos se funden en un solo ser»[16]

En las antiguas culturas del cercano oriente, honrar al padre y a la madre era la obligación más sagrada. En drástico contraste, la orden inequívoca del Creador es que el hombre casado le debe primero lealtad a su esposa.

Además, el lenguaje de Moisés deja claro que el hombre hará más que *dejar* a su padre y su madre. La palabra hebrea traducida como «dejar» significa «abandonar» a su padre y a su madre en favor de su esposa. Su obligación pasa de la familia al matrimonio, y prepara el escenario para concluir con el pensamiento que el hombre «se une a una mujer, y los dos se funden en un solo ser». El mensaje no podría ser más claro: Un hombre no puede «aferrarse» a su padre y a su madre, en especial a su madre. Cada muchacho debe dejar psicológicamente a su madre y convertirse en hombre. Este proceso está estimulado por la testosterona y la vasopresina de los muchachos, pero debe ser alentado y facilitado por *ambos*, su mamá y su papá.

Un matrimonio sano tiene que combinar con cuidado el instinto biológico de independencia y confianza en si mismo del cerebro de él y el abrumador instinto biológico de cariño del cerebro de ella. Lograr este equilibrio es más difícil si la separación *madre-hijo/padre-hija* no se completa. Barb dramatizó la necesidad de partida y unión de nuestro hijo Scott, y su novia Jennifer, en la cena de compromiso.

Antes que Walt y yo nos pusiéramos de pie para hacer nuestros comentarios y el brindis por la joven pareja, me puse un delantal y le expliqué a Scott, a Jennifer y a nues-

tros invitados que había orado, desde que eran bebés, por Scott y por su futura esposa y por el día en que él me dejaría para unirse a ella.

Girando hacia Scott, le dije que ya no era su confidente o su chica; eso era ahora trabajo de Jennifer. Luego metí la mano en el bolsillo del delantal y saqué un par de tijeras grandes y se las di a Scott. Él corto las tiras del delantal y me las devolvió, yo se las di a Jennifer diciendo estas palabras: «Jennifer, te doy las tiras del delantal y te entrego a mi hijo».

Mientras Jennifer y Barb se abrazaban, había muchos ojos mojados en la casa, principalmente los míos. No sé si alguna vez había estado tan agradecido por la sabiduría de mi esposa.

«Unirse» o «casarse» designa no solo el comienzo de un nuevo pacto, sino también mantener ese pacto. Significa no solo «aferrarse» o «adherirse», sino «permanecer con». La palabra hebrea para «un solo ser» indica que volverse un solo ser es un proceso de desarrollo físico, emocional, relacional y espiritual que se intensifica y se fortalece con el paso del tiempo.

Y mientras fortalecemos el vínculo entre nosotros, también queremos fortalecer nuestro vínculo con Dios. El Rey salomón hizo está poderosa observación:

> Más valen dos que uno,
>   porque obtienen más fruto de su esfuerzo.
> Si caen, el uno levanta al otro.
>   ¡Ah del que cae y no tiene quien lo levante!
> Si dos se acuestan juntos, entrarán en calor,
>   Uno solo ¿cómo va a calentarse?
> Uno solo puede ser vencido,
>   pero dos pueden resistir.
> ¡La cuerda de tres hilos no se rompe
>   fácilmente!»[17]

Siempre consideramos a Dios el tercer hilo de la cuerda de nuestro matrimonio. El vínculo matrimonial, en el mejor de los casos, planeado por Dios, no es solo la unión de la mente de él y la de ella, sino de la de ambos *y* la mente del Creador. ¡La cuerda de tres hilos no se rompe fácilmente!

Si bien la cuerda se estira, Dios es la fuerza y la estabilidad en nuestro matrimonio. Confiar en él para que nos guíe junto a nuestra familia nos brinda un propósito inquebrantable, una base sólida, un apoyo y una dirección firmes y esperanza eterna. En tiempos de conflicto (sí, hemos tenido muchos), consideramos esencial no perder de vista nuestra esperanza en Dios y su designio divino para cada uno de nosotros y nuestro matrimonio para que nos aparte de los puntos de vista egoístas y nos guíe a la bendición de la fuerza, seguridad y satisfacción que solo puede venir si se reconoce y se sigue su designio. Hemos descubierto que el inevitable resultado de un hombre y una mujer que se acercan a Dios es que ellos están más cerca el uno del otro.

Referencia

1. Génesis 2:7.
2. Ver Brown-Driver-Briggs Hebrew Lexicon, *Blue Letter Bible: www. blueletterbible. orglcgi-bin.blb/strongs.pi?hr=http%3A%2F% 2F, www. Eliyah. com%2Flexicon. html &icon=http % 3 A % 2F% 2Fwww.eliyah. com%2Fbackto. gif&bgcolor=FFFFFF&textcolor=000000&linkcolor=0000FF&vlinkcolor=A000 FF&language=H&strongs=3335,* 12 de abril del 2007.
3. Génesis 2:22.
4. Ver Brown-Driver-Briggs Hebrew Lexicon, *Blue Letter Bible.*
5. Génesis 1:4, 10, 12, 18, 21, 25.
6. Génesis 2:18.
7. R. David Freedman, «El poder de la mujer igual al del hombre», *Biblical Archaeology Review* 9, enero/febrero de 1983, *University of Chicago: http:// home.uchicago.edu/-spackman/powerequaltoman.pdf,* 12 de abril del 2007.
8. Notas a pie de página Genesis 2:18, *The Net Bible: http://net.bible.org/verse.p hp?book=Gen&chapter=2&verse=18,* usado con permiso de www.bible.org, 12 de abril del 2007; ver también M. L. Rosenzweig, «Una ayuda igual a él» *Judaism* 139, 1986, p.277 -80.
9. Samuel Terrien, *Till the Heart Sings: A Biblical Theology of Manhood and Womanhood,* Fortress, Filadelfia, 1985, p.9.
10. Génesis 2:20.
11. Génesis 2:21-22.
12. Génesis 2:18.
13. Génesis 2:22.
14. Génesis 2:23.
15. Ibid.
16. Génesis 2:24
17. Eclesiastés 4:9-12.

13

Capítulo

Aprecie, honre y alimente por la creación de Dios

UNO DE MIS PERSONAJES BÍBLICOS FAVORITOS ES PEDRO, YA que comparto muchos rasgos de temperamento con él, en especial sus puntos débiles y defectos.

Aunque por lo general se lo muestra como brusco e insensible, estimo que Pedro escribe con un entendimiento peculiar sobre las mujeres.

En su primera carta, Pedro manifiesta: «ustedes esposos, ... traten cada uno a su esposa con respeto»[1] o, como dice otra versión: «ustedes esposos, ... muéstrenles honor».[2] La palabra griega que se traduce como «honor» o «respeto» significa «valorar», «asignar gran valor» y «apreciar». Describe una acción que establece que los maridos estimen a sus esposas al máximo nivel, como algo precioso o invalorable.

Esta no es una palabra que representa una emoción, es una palabra que connota una acción. Desarrollaremos sentimientos fuertes hacia cualquier cosa que apreciemos. Estudios psicológicos demuestran que cuando las personas toman la decisión de honrar y valorar algo, los sentimientos de ellos o ellas comenzarán a cambiar dentro de las seis semanas. En otras palabras, algo les ocurre emocionalmente a los hombres a medida que valoran y aprecian a sus esposas. El solo acto de valorar y apreciar altera las emociones de ellos.

*E*n donde está su placer, está lo que aprecia: en donde está lo que aprecia, está su corazón; en donde está su corazón, está su felicidad.[3]

Agustín

Algo poderoso ocurre en las mujeres cuando los hombres las valoran y aprecian. Creo que esta es la razón por la que Pedro les ordena a los hombres que aprecien a sus esposas.

Mujeres, un recipiente muy especial

Pero eso no es todo lo que Pedro dice. «Ustedes esposos, sean comprensivos en su vida conyugal, tratando cada uno a su esposa con respeto, ya que como mujer es más delicada»[4]. La palabra griega que se traduce como «más delicada» es usada por los expertos en griego para que sea algo difícil de traducir al inglés. La palabra griega *asthenia* puede describir a alguien que no tiene fuerza, que es débil o que está enfermo, afectado, o que es impotente.[5]

Aunque Barb y yo no somos teólogos, ambos sentimos en nuestros corazones que un hombre como Pedro, al menos como nosotros lo vemos, no les pediría a los hombres que honren o valoren la debilidad. Además, esto era un verdadero interrogante para mí. ¿Cómo podía honrar y valorar algo que es débil? No tenía sentido para mí.

Un día estaba en la sala de espera del médico en nuestro hospital local, bebiendo una taza de café con un amigo psiquiatra que se llama Pedro y que creció en Grecia. Pedro era mi experto en la lengua griega, entonces le pregunté cómo interpretaba él la palabra griega *asthenes*. Mientras me explicaba las diferentes descripciones de la palabra, yo estaba gratamente sorprendido por descubrir un significado mucho más rico y profundo. Él dijo que este término se podía utilizar para describir:

⋙ el arte más frágil y valioso

⁂ la porcelana china más delicada y costosa, jarrones de porcelana y cristal

⁂ las joyas más valiosas y exquisitas

Luego dijo que el término se usa para describir un obsequio refinado, delicado, costoso, etéreo y sutil, pero extraño y querido.

Los hombres no dirían que un Porche modelo 1957 es «débil» y tampoco que la *Mona Lisa* lo es. Estos artículos se describirían como *asthenes-invaluables* piezas de arte hermosas, pertenencias de increíble importancia y valor. Estos trabajos artísticos son diseñados y creados para ser apreciados, queridos y deseados; asimismo honrados, estimados y valorados; para ser respetados, protegidos, resguardados y elogiados; ser proclamados, elevados y destacados; y también pulidos, expuestos y apreciados.

¡Caramba! Pedro dice que Dios creó y les dio a todos los esposos un tesoro invaluable y delicado, sus esposas, para que ellos las valoren, aprecien y cuiden. Si usted está casado, Dios le ha dado una esposa que él diseñó y creó para usted, una mujer de un valor indescriptible, inconcebible, invaluable e increíble. Y hombres, el dueño de la galería de arte, nuestro Padre celestial, nos hace responsables de cuidar a nuestras esposas, de ocuparnos de ellas y protegerlas.

Hombres - alimenten y aprecien a sus esposas

Las responsabilidades de los hombres por el tesoro que Dios les ha dado en sus esposas no terminan con amarles y cuidarles. Pablo continúa dando una orden en el libro de los Efesios, las palabras inspiradas en Dios sobre encontrar un balance entre la fe y la familia, que nosotros los hombres no solo debemos amar *(agapao)* a nuestras esposas sino que «alimentar y cuidar, así como Cristo hace con la iglesia».[6] La palabra griega que se traduce como «alimentar» también se interpreta como «nutrir» en otras versiones. Da una visión maravillosa de otra responsabilidad para honrar a nuestras esposas. La palabra griega es *ektrepho* y significa «criar hasta la madurez», «entrenar», «educar» o «alimentar».

¿Quiere saber cómo alimentar a su esposa? Ya hablamos sobre los versos de «uno al otro» de una manera que podemos usar para demostrar nuestro amor entre nosotros. Sin embargo, algunas de estas instrucciones de «uno al otro» les dan a los esposos pistas sobre cómo alimentar a sus esposas. Los hombres inteligentes las buscarán, estudiarán y pondrán en práctica. Por lo menos tres de estos versos tratan del tipo de alimento espiritual que Pablo ordena:

- «instruir a nuestras esposas»[7]
- «aconsejar a nuestras esposas»[8]
- «hablar a nuestras esposas con salmos, himnos y canciones espirituales»[9]

No es el rol de nuestro pastor ser maestro espiritual principal de nuestra familia. A nosotros, los esposos, nos han dado este maravilloso privilegio y responsabilidad, alimentar no solo a nuestras esposas sino también a nuestros hijos.[10] En nuestra familia, esto ha significado que en varios momentos Barb y yo hemos estudiado la Biblia juntos, un devocionario, un libro inspirador. Y ha significado tanto momentos de adoración familiar en casa como dedicación a la adoración juntos como familia en la iglesia.

El liderazgo espiritual de Walt en nuestra casa no solo le ha permitido a nuestra familia aprender y practicar los principios bíblicos sino también me ha dado a mí la alegría de ver a mis hijos responder a las direcciones y ense-

ñanzas de su padre. *¡Hablar sobre una ráfaga de oxitocina! Además, me ha hecho sentir no solo alimentada espiritualmente por él sino también amada de una manera tangible.*

Pablo continua dándoles a los esposos otra responsabilidad marital: «apreciar» a sus esposas. La palabra griega que generalmente se traduce como «apreciar» es *thalpō*. Literalmente significa «empollar» o «calentar».[11]

Los tramposos de la ciudad pueden pensar que «empollar» es «reflexionar en profundidad o de mala gana». La palabra es principalmente un término agrario que se utiliza para describir a los pájaros que se sientan sobre los huevos para incubarlos mientras crecen, maduran y se desarrollan. También se utiliza para describir la acción de los pájaros adultos mientras protegen a los jóvenes al arrastrarlos hacia sus pechos suaves, cálidos y cubiertos y taparlos con sus alas protectoras. De hecho, en un salmo que describe la seguridad que Dios proporciona, el salmista también utiliza una imagen de incubación: «Él la cubrirá con sus plumas y, bajo sus alas, usted encontrará refugio».[12] Empollar es una manera cariñosa y en sacrificio de proteger a los polluelos preciosos de los elementos. Es una imagen hermosa del amor de los esposos que les lleva a apreciar a sus esposas, el regalo precioso que Dios les ha dado.

Nosotros, los esposos necesitamos tomar con seriedad las admoniciones de Pedro y Pablo para honrar, apreciar y alimentar a nuestras esposas. De hecho, Pedro sigue sus enseñanzas con una advertencia contundente: «Sean buenos esposos con sus esposas. Hónrenlas, deléitense con ellas. Como mujeres, ellas no tienen algunas de sus ventajas. Pero en la nueva vida de la gracia de Dios, ustedes son iguales. Entonces, traten a sus esposas como iguales para que sus oraciones no queden varadas».[13]

Honrar, respetar y cuidar a Barb es un encargo y un llamado tan importante que si yo, como su esposo, elijo no hacer, entonces Pedro me dice que mis oraciones serán entorpecidas. Dios no quiere que nunca olvide que él me bendijo con un regalo maravilloso al darme a mi esposa. Si yo quiero que mi relación con Dios sea todo lo que él quiso que fuera, necesito honrar, valorar y respetar el regalo que él creó específicamente para mí.

La caja del matrimonio

Barb y yo hemos aprendido que los esposos necesitan apreciar, honrar y alimentar a sus esposas y las esposas precisan respetar y admirar a sus esposos. Esto es tan esencial para un matrimonio saludable que a nuestros amigos que se están por casar les damos una caja hermosa pero vacía. Dentro de ella ponemos un poco de sabiduría que adaptamos de las escrituras de J. Allan Petersen:[14]

La mayoría de las personas se casan creyendo un mito-que el matrimonio es una caja hermosa llena de todas las cosas que hemos deseado: compañía, realización sexual, intimidad, amistad. También creen que, de alguna manera, la caja se mantiene, de manera misteriosa, llena de esas cosas buenas.

Nosotros pensamos que el permiso de matrimonio es la llave de esa caja. Podemos sacar de ella tanto como queramos y, de alguna manera misteriosa, permanece llena.

La verdad es que el matrimonio, en el comienzo, es una caja vacía. Usted debe poner algo antes de que pueda sacar cualquier cosa de ella. Si no pone en la caja más de lo que deja afuera, se queda vacía.

No hay amor en el matrimonio, el amor está en las personas y las personas lo ponen en el matrimonio.

El romance, la consideración y la generosidad no están en el matrimonio; están en las personas y las personas los ponen en la caja del matrimonio.

———

Después del matrimonio, comenzamos a vaciar la caja y pensamos que nuestro/a esposo/a la llenará de nuevo. Pero eso no ocurrirá, al menos no por mucho tiempo. La caja se vacía, la desilusión se instala y la relación comienza a caer en picada.

———

Cuando la caja queda vacía, nosotros nos volvemos vulnerables a algún romance o al divorcio.

———

Las parejas deben aprender el arte y formarse el hábito de dar, amar, servir y elogiar – para mantener la caja llena. Si saca más de lo que pone, la caja se vaciará.

———

El amor es algo que usted hace – una actividad dirigida hacia su compañero o compañera. Se necesitan dos para mantener la caja llena.

No podemos hacerlo solos. Necesitamos la ayuda, el apoyo, el impulso y el estímulo del otro. Sin embargo, principalmente, necesitamos la ayuda de Dios. A medida que cada uno de nosotros busca acercarse a él, nos encontraremos acercándonos entre nosotros-en un vínculo que nadie puede romper, con una caja de matrimonio llena hasta rebalsar.

Incentivamos a las parejas casadas a llenar sus «cajas de matrimonio» a diario con los «unos a los otros». Permítanos recordarles, hombres, amar, alimentar y apreciar a sus esposas. Permítanos recordarnos, esposas, respetar y admirar a sus esposos. Permita que sea un recordatorio que su matrimonio puede, por la gracia de Dios y el compromiso de usted, ser todo lo que Dios quiso que fuese.

Un último recordatorio

Los matrimonios felices y gratificantes son aquellos en los que los esposos y las esposas están contentos, cómodos y trabajando constantemente en su relación. Creemos que el trabajo de construir un matrimonio es más fácil cuando comprendemos el designio divino del matrimonio y las diferencias creadas y preciosas en la mente tanto masculina como femenina. Estas diferencias nos atraen fuertemente entre nosotros, pero, si no somos cuidadosos, pueden separarnos.

Pero nuestras diferencias no tienen que separarnos. Me gusta la perspectiva que el músico de rock Van Halen expresó cuando le preguntaron sobre las diferencias entre los miembros de esta banda: «Sí, tenemos diferencias, pero las dejamos de lado y ahora hacemos música. Es maravilloso».[15]

¡Así es! Los hombres y las mujeres son diferentes. Nuestra oración ha sido, y continúa siendo, que este libro le ayude a reconocer las desigualdades, disparidades, divergencias, discrepancias y distinciones entre la mente de él y la de ella; que las comprenda como creadas por Dios y luego haga música excelente como una pareja casada.

Hemos tenido la intención de explorar las diferencias fundamentales entre la mente de él y la de ella de una manera que ayude a los esposos y a las esposas a comprender por qué las relaciones entre dos géneros pueden ser tan exasperantes y frustrantes. Como John Gray, autor de *Los hombres son de Marte y las mujeres de Venus*, ha observado: «Cuando los hombres y las mujeres son capaces de respetar y aceptar sus diferencias, entonces el amor tiene la posibilidad de florecer».[16] Agregaremos que cuando los esposos y las esposas comprendan las diferencias entre la biología y la bioquímica de sus cerebros, podrán ver y comprender más claramente cómo están creados para convertirse en uno solo.

Esperamos que aquellos que puedan tomar este libro para manipular, manejar o modificar a sus esposos o esposas entiendan que se están perdiendo la marca del plan divino de Dios para el matrimonio. Y esperamos que aquellos, especialmente las mujeres, que puedan temer que nuestra petición para que las parejas descubran y vivan según nuestras diferencias biológicas creadas por Dios vean que este entendimiento no condena a las mujeres a los roles «tradicionales». En cambio, creemos que el diseño de Dios de la mente masculina y femenina y su diseño para el matrimonio en realidad nos libera para ser exactamente las personas que Dios quiso que fuéramos.

Por nosotros mismos, es improbable que tengamos éxito en tener el mejor matrimonio posible. El secreto del éxito, en lo que se refiere a la felicidad y gratificación marital, es aceptar el plan y la ayuda de nuestro Creador quien nos creó, nos hizo e instituyó el matrimonio en primer lugar.

La Biblia nos dice que estamos terriblemente dañados y somos egoístas en nuestra esencia. «Nada hay tan engañoso como el corazón. No tiene remedio. ¿Quién puede comprenderlo?»[17] Sin embargo, la Biblia también nos dice que nuestro Creador quiere cambiarnos a nosotros y a nuestros matrimonios. Dios dice: «Les daré un nuevo corazón, y les infundiré un espíritu nuevo; les quitaré ese corazón de piedra que ahora tienen, y les pondré un corazón de carne. Infundiré mi Espíritu en ustedes, y haré que sigan mis preceptos y obedezcan mis leyes... ustedes serán mi pueblo y yo seré su Dios».[18]

El designio divino de Dios, la interacción fascinante entre la mente de él y la de ellas, amándose y respetándose entre ellos y convirtiéndose en uno solo, es el único diseño por el cual los hombres y las mujeres pueden acercarse a la vida y al matrimonio que es rico y profundamente gratificante. El plan del Creador es que mi mente este creada para amar, honrar, alimentar y apreciar verdaderamente a Barb.

Y mi mente está creada para respetar, admirar e incentivar verdaderamente a Walt...

Entonces, así ella es completamente mujer...

Y él es completamente hombre.

Referencia

1. 1 Pedro 3:7.
2. 1 Pedro 3:7 NASB.
3. *Quote World: http://www.quoteworld.org/quotes/725,* 28 de julio del 2007.
4. 1 Pedro 3:7.
5. Ver «Diccionario conciso de las palabras en griego en el Antiguo Testamento», en James Strong, *Strong's Exhaustive Concordance of the Bible,* Abingdon, Nashville, 1986, p.18.
6. Efesios 5:29.
7. Romanos 15:14.
8. Colosenses 3:16,
9. Efesios 5:19.
10. Ver Deuteronomio 6:6-9.
11. Ver Strong, «Diccionario Conciso», p.46.
12. Salmos 91:4.
13. 1 Pedro 3:7 MSG.
14. Este poema combina palabras de dos fuentes: J. Allan Petersen, *The Myth of the Greener Grass,* versión revisada, Wheaton, Ill.: Tyndale, 1991, p.183; «Mantén la caja llena», boletín inserto publicado por Better Families, febrero de 1998, usado con permiso.
15. *Brainy Quote: www.brainyquote.com/quotes/quotes/a/ alexvanhal216209. html,* 12 de abril del 2007.
16. John Gray, *Los hombres son de Marte y las mujeres de Venus,* HarperCollins, New York, 1992, p.14.
17. Jeremías 17:9.
18. Ezequiel 36:26-28.

Índice de las Escrituras